VERS L'ABÎME ?

Carnets

Du même auteur

La Méthode (6 volumes), Seuil, 1977-2004.

Introduction à une politique de l'homme, Seuil, 1965 (« Points Essais », 1999).

Introduction à la pensée complexe, ESF, 1990 (« Points Essais », 2005).

Science sans conscience, Fayard, 1982 (« Points Essais », 1990).

Pour entrer dans le XXIe siècle, « Points Essais », Seuil, 2004.

Penser l'Europe, Gallimard, 1987 (« Folio », 1990).

Terre-Patrie, Seuil, 1993 (« Points Essais », 1996).

La Tête bien faite, Seuil, 1999.

Les Sept Savoirs nécessaires à l'éducation du futur, Seuil, 2000.

Culture et barbarie européennes, Bayard, 2005.

Le Monde moderne et la condition juive, Seuil, 2006.

L'an I de l'ère écologique (avec Nicolas Hulot), Tallandier, 2007.

22, rue Mazarine 75006 Paris
lherne@wanadoo.fr

Edgar Morin

VERS L'ABÎME ?

L'Herne

SOMMAIRE

VERS L'ABÎME ?

Le progrès scientifique a permis la production et aujourd'hui la prolifération de l'arme nucléaire, et d'autres armes de mort massive, chimiques ou biologiques. Le progrès technique et industriel a provoqué un processus de dégradation de la biosphère. La mondialisation du marché économique, sans régulation externe ni véritable autorégulation, a créé des nouveaux îlots de richesse mais aussi des zones croissantes de pauvreté comme en Amérique latine et en Chine ; elle a suscité et suscitera des crises en chapelet et son expansion se poursuit sous la menace du chaos. Les développements de la science, de la technique, de l'industrie, de l'économie qui propulsent désormais le vaisseau spatial Terre, ne sont régulés ni par la politique, ni par l'éthique, ni par la pensée.

L'amplification et l'accélération de ces processus sans contrôle peuvent être considérées comme des *feed-back* (rétroactions) positifs, lesquels constituent une rupture des régulations par amplification et accélération des développements effrénées. Ainsi, ce qui semblait devoir assurer le Progrès humain apporte certes des progrès locaux et des possibilités de progrès futur, mais aussi création et accroissement de périls mortels pour l'humanité.

Paradoxalement ces développements sont accompagnés de multiples régressions qui peuvent prendre le visage d'une grande régression de barbarie.

Les guerres se multiplient sur la planète et elles sont de plus en plus caractérisées par leurs composantes ethnico-religieuses. Partout l'ordre civique régresse et les violences gangrènent les zones suburbaines. La criminalité maffieuse est devenue planétaire. La loi de la vengeance remplace la Loi de la justice en se prétendant la vraie justice. Les conceptions manichéennes s'emparent des esprits faisant profession de rationalité. Cet accroissement des processus régressifs peut être considéré comme un *feed-back* positif désintégrateur qui se conjugue étroitement au *feed-back* positif du quadrimoteur science-technique-industrie-économie. La barbarie haineuse venue du fond des âges historiques se combine à la barbarie anonyme et glacée de la technique propre à notre civilisation. Leur alliance menace la planète.

J'avais depuis longtemps souligné que le Moyen-Orient était au cœur d'une zone sismique planétaire où s'affrontaient entre elles les religions, religions et laïcité, Est et Ouest, Nord et Sud, pays jeunes et pauvres, pays riches et vieux. Le conflit israélo-palestinien, au cœur de cette zone sismique, constituait de lui-même un cancer dont les métastases risquaient de se répandre sur le globe. Cela a bien commencé, à la suite des nouveaux développements provoqués par la visite de Sharon sur l'esplanade des Mosquées, la « seconde *intifada* », la rupture des négociations de Camp David, les interventions massives de *Tsahal* en territoires palestiniens, les attentats kamikazes, tout cela en un cercle vicieux infernal qui n'est plus désormais localisé. En effet, la répression meurtrière d'Israël a déclenché une lame d'antijudaïsme inouï dans le monde musulman, qui a repris les thèmes de l'antijudaïsme chrétien (sacrifice d'enfants *goys* pour la pâque juive) et de l'antijudaïsme nationaliste occidental (complot juif mondial pour dominer le monde) et où la haine d'Israël s'est généralisée en haine du juif. La violence aveugle des kamikazes a déclenché une lame d'anti-islamisme non seulement en Israël mais aussi en Occident, et non seulement chez les juifs de la diaspora, mais plus largement dans des milieux divers comme en témoigne le livre d'Oriana Fallaci[1] contre l'Islam, religion identifiée à sa branche fanatique et régressive. L'aggravation de la situation ne pourra que créer des nouveaux foyers de conflits à l'intérieur des nations. La France, avec sa nombreuse population d'origine islamique et son importante population juive, a pu jusqu'à présent éviter que les violences marginales de jeunes beurs et les justifications des répressions israéliennes par les représentants de ce qu'on appelle « communauté juive » dégénèrent. Mais l'aggravation du conflit israélo-palestinien conduira à un affrontement de haine et de violence et la France laïque deviendra le théâtre d'une guerre ethno-religieuse, conduite par deux catégories de ses citoyens. De plus, bien que sa création n'ait pas été liée au conflit israélo-palestinien, Al-Qaïda après les attentats du Kenya, s'est emparé de la juste cause palestinienne pour son injuste déchaînement terroriste. L'aveuglement du plus grand responsable de la plus grande puissance occidentale le conduit, en apprenti sorcier, à continuer à favoriser tous les déchaînements incontrôlés, depuis ceux qui menacent la biosphère jusqu'à ceux qui favorisent les causes du terrorisme, dans la lutte aveugle

1. *La Rage et l'orgueil*, Plon, 2002.

contre ses effets. Si tout continue, les vagues d'antijudaïsme et d'anti-islamisme vont se renforcer, le manichéisme va s'installer dans un choc de barbaries nommé « choc des civilisations ».

Les forces de résistance sont faibles. L'Europe est incapable de s'affirmer politiquement, incapable de s'accroître en se réorganisant, incapable de se souvenir que la Turquie a été une grande puissance européenne depuis le XVIe siècle et que l'Empire ottoman a contribué à sa civilisation. Elle oublie que c'est le christianisme qui dans le passé s'est montré intolérant pour tout autre religion et que l'Islam andalou et ottoman ont toléré christianisme et judaïsme. Les Nations ne peuvent résister à un déferlement planétaire sinon en se refermant de façon régressive sur leur religion et leur nationalisme. L'internationale citoyenne en formation est trop faible. Une société civile planétaire n'a pas émergé. La conscience d'une communauté de destin terrestre est trop dispersée.

L'idée de développement même « durable », donne pour modèle une civilisation en crise, celle-là même qu'il faudrait réformer. Elle empêche le monde de trouver des formes d'évolution autres que celles calquées sur l'occidentalisation. Elle accroît tous les *feed-back* positifs que nous avons cités plus haut. Elle conduit les sociétés sur la voie qui mène à la catastrophe alors qu'il faudrait changer de voie et effectuer un nouveau commencement.

Nous allons vers la catastrophe. J.-P. Dupuy, dans son livre *Pour un catastrophisme éclairé*[2], nous le dit justement, et propose paradoxalement de reconnaître l'inévitabilité de la catastrophe pour essayer de l'éviter. Mais outre le fait que le sentiment d'inévitabilité peut conduire à la passivité, Dupuy identifie abusivement le probable à l'inévitable. Le probable est ce qui pour un observateur en un temps et un lieu donnés, disposant des informations les plus fiables, apparaît comme le processus futur. Et effectivement tous les processus actuels conduisent à la catastrophe. Mais l'improbable reste possible et l'histoire passée nous a montré que l'improbable pouvait remplacer le probable, comme ce fut le cas fin 1941-début 1942, quand le probable de 1940-1941 : la domination de l'empire hitlérien sur l'Europe pour une longue période, fit place à un nouveau probable qui le rendit improbable : la victoire alliée sur l'Allemagne nazie. En fait toutes les grandes innovations de l'histoire

2. Seuil, 2002.

furent déviantes, et ont brisé les probabilités qui préexistaient à leur développement : il en fut ainsi du message de Jésus et Paul, de celui de Mahomet, du développement du capitalisme puis de celui du socialisme.

La porte est ouverte donc sur l'improbable, même si l'accroissement du chaos mondial le rend actuellement inconcevable.

Or ce chaos où l'humanité risque de sombrer porte en lui son ultime chance. Pourquoi ? parce que nous devons savoir que quand un système est incapable de traiter ses problèmes vitaux, soit il se désintègre, soit il est capable dans sa désintégration même de se métamorphoser en un métasystème plus riche, capable de traiter ses problèmes. Et ici l'idée de *feed-back* positif, nous est utile. Dans le monde physique, un *feed-back* positif conduit infailliblement à la désintégration ou à l'explosion. Mais dans le monde humain, comme l'a pointé Magoroh Maruyama[3], le *feed-back* positif, en désintégrant d'anciennes

---

3. Universitaire japonais, spécialiste de la « seconde » cybernétique, auteur notamment de : The second-cybernetics : deviation-amplifying mutual causal processes, *American Scientist* 51.

structures sclérosées, peut susciter l'apparition de forces de transformation et de régénération. La métamorphose de la chenille en papillon nous offre une métaphore intéressante : quand la chenille entre dans le cocon, elle commence un processus d'autodestruction de son organisme de chenille, et ce processus est en même temps celui de formation de l'organisme de papillon, lequel est à la fois le même et un autre que la chenille. Cela est la métamorphose. La métamorphose du papillon est préorganisée. La métamorphose des sociétés humaines en une société monde est aléatoire, incertaine, et elle est tributaire des dangers du chaos qui lui est pourtant nécessaire.

S'il est vrai que, de même que notre organisme porte en lui des cellules souches indifférenciées capables, comme les cellules embryonnaires, de créer tous les divers organes de notre être, de même l'humanité possède en elle les vertus génériques qui permettent des créations nouvelles ; s'il est vrai que ces vertus sont endormies, inhibées sous les spécialisations et rigidités de nos sociétés, alors les crises généralisées qui les secouent et secouent la planète pourraient permettre la métamorphose devenue vitale. C'est pourquoi nous ne devons plus continuer sur la route du « développement ». Il nous faut changer de voie, il nous faut un nouveau commencement. La phrase de Heidegger doit raisonner comme un appel : « L'origine n'est pas derrière nous, elle est devant nous. »

*Vers l'abîme ? (*Le Monde, *1er janvier 2003).*

LA CRISE DE LA MODERNITÉ

Je commencerai par interroger ce mot de « moderne ». *Modernus*, en bas latin, signifie le récent. Le récent, le nouveau n'étaient pas particulièrement qualifiés, pas plus au début de l'ère moderne, au XVIIe siècle, qu'au Moyen Âge. La fameuse querelle des Anciens et des Modernes, ainsi, a consisté à savoir si les écrivains actuels étaient meilleurs que les anciens. La majorité optait pour la communauté des Anciens, parce que l'ancien était perçu comme le fondement, le modèle, le principe, et, dans cette vision, ne pouvait être que meilleur. Le moderne était donc une dégradation par rapport à l'ancien. Cette idée courut dans notre culture de Jean-Jacques Rousseau à Heidegger, tout en restant marginale, car celle qui finit par s'imposer massivement, c'est que le nouveau est meilleur, que le moderne, en tant que le producteur et le produit de la nouveauté, est ce qu'il y a de mieux.

Voyons le mot sous l'angle de l'expression « les temps modernes ». Les manuels d'histoire définissent le moderne uniquement par l'exclusion de l'Antiquité. Ainsi, les temps modernes commencent quand le dernier empire des temps anciens, l'Empire byzantin, s'effondre, en 1453, avec la chute de Constantinople. À la suite de ce qu'on a appelé rétrospectivement le Moyen Âge, dont l'idée s'est en fait imposée au XIXe siècle, c'est le jaillissement historique ayant lieu à partir du XVIe siècle qui constitue les temps modernes. Il n'y a pas précisément une date de naissance : 1453, 1455, avec l'invention de l'imprimerie par Gutenberg ; 1492, la découverte de l'Amérique par Colomb ; 1520, quand Copernic établit que la Terre n'est pas au centre du monde... On peut multiplier les dates. L'important, c'est que, dans cette petite péninsule ouest-européenne, se produit un formidable jaillissement intellectuel. La Renaissance, à partir de la revitalisation de l'héritage grec, permet un renouveau de la philosophie et le développement de la science moderne.

En même temps, sont caractéristiques des temps modernes l'essor économique, marchand, puis capitaliste, ainsi que le commencement d'une ère planétaire, avec le développement des échanges et la domination du monde par l'ouest de l'Europe. C'est aussi l'affirmation des premiers États-nations, l'Espagne, la France, l'Angleterre, le Portugal. C'est enfin le développement de l'individualisme. Tous ces développements sont à la fois complémentaires et antagonistes, comme en témoignent les conflits entre nations, entre religions et conflits d'idées.

Pour définir cette diversité bouillonnante qu'est la modernité, il ne faut donc pas partir d'un élément unique, d'une seule date de naissance, parce que c'est en réalité un macroconcept, dont les frontières sont floues.

Les aspects de la modernité sont donc à la fois complémentaires et antagonistes. Ainsi, la science contemporaine comporte en elle-même un antagonisme. Comme l'a montré Popper, elle ne procède pas seulement de la vérification mais aussi et surtout du conflit des idées. D'autre part, elle se pose en antagoniste de la religion. La technique s'associe au cours du temps à la science, à tel point que l'on parle au XXe siècle de technoscience. L'économie, quant à elle, se développe à travers la concurrence ; les États-nations à travers des conflits incessants. Au travers de tout cela se développe pourtant une civilisation qui s'étendra sur le monde entier et dont le caractère clé est l'individualisme.

L'ultime antagonisme, paradoxal, de la modernité oppose, d'un côté, une ère planétaire qui semble tout vouloir homogénéiser et, de l'autre côté, des phénomènes de balkanisation, de recroquevillement, de rejet de cette hégémonie occidentale, jusqu'au déchaînement actuel.

Si je considère le monde de la pensée, je m'aperçois que la Renaissance, au moment où Dieu, la nature, l'homme, la réalité deviennent des problèmes, va déclencher une problématisation ininterrompue qui sera la caractéristique majeure de la pensée moderne jusqu'à nos jours, avec une recherche éperdue du fondement. À partir du moment où il n'y a plus ce Dieu fondement de toute vérité, les philosophes se mettent à rechercher le socle de toute conception possible.

Il s'établit ce que j'appelle une dialogique, une relation antagoniste-complémentaire entre religion et raison, foi et doute. Et ces conflits sont en réalité producteurs. L'humanisme moderne peut être conçu comme la symbiose de l'idée grecque qui fait des individus des citoyens dépositaires de la raison, donc autonomes et capables de diriger la cité par eux-mêmes, comme à Athènes, et la conception chrétienne d'un homme à l'image du Dieu biblique et d'un Dieu évangélique prenant forme humaine. Dans cette relation entre raison et religion, on observe d'étonnantes contaminations. Pascal introduit le doute dans la foi, avec le pari, car il n'y a plus de preuve absolue de Dieu. D'autre part, le caractère providentialiste de la religion s'inscrit à son tour dans l'idée de raison, de science, de progrès, le cas le plus étonnant de cette rencontre entre le religieux et le laïc étant le communisme fondé par Marx : il s'agit d'une religion du salut terrestre, sous l'enveloppe du matérialisme scientifique.

La pensée moderne est marquée par une grande disjonction, très bien formulée par Descartes, entre deux domaines devenus incommensurables, celui de l'esprit, du sujet, de la philosophie, et celui de la matière, de l'étendue, de la science, de la réalité empirique. Il y a non seulement séparation mais double développement de chacun de *ces* domaines, séparément. Certes, dans la modernité, l'aspect scientifique est prédominant, mais une bipolarité s'est installée, avec en même temps que la culture du succès, de l'argent, du pouvoir, celle de la sensibilité, de l'âme, de la poésie, particulièrement cultivée par l'adolescence et les grands poètes adolescents, de Shelley à Rimbaud, en passant par Novalis, et entretenue par la culture féminine. La modernité, tout en niant cet aspect-là, l'entretient ; elle provoque son négatif et le refoule tout à la fois.

La modernité se manifeste par trois grands mythes : le mythe de la maîtrise de l'univers, formulé par Descartes, Buffon, Marx..., le mythe du progrès, de la nécessité historique, qui s'impose à partir de Condorcet, enfin le mythe du bonheur. Saint-Just disait déjà : « Le bonheur est une idée neuve en Europe », et du XIXe siècle aux années 1960, la culture diffusée par les médias va propager ce mythe d'un bonheur à la portée des individus dans notre civilisation.

Au XXe siècle, ce que l'on a appelé la « modernité déchaînée » consiste dans un formidable développement de la science, de la technique, de l'économie et du capitalisme, qui sont les quatre moteurs associés du vaisseau spatial Terre, libérant une capacité inouïe d'invention et, en même temps, de manipulation et de destruction.

La crise de la modernité est apparue à partir du moment où la problématisation née de la modernité, et qui se tournait vers Dieu, la nature, l'extérieur, s'est alors tournée vers la modernité elle-même. La science se pose désormais dans une ambivalence fondamentale. Elle produit des savoirs nouveaux qui révolutionnent notre connaissance du monde, nous donne des capacités extraordinaires de développer nos propres vies, mais, tout à la fois, développe de gigantesques capacités de mort, telles que la mort nucléaire, étant donné la dissémination des armes de destruction massive, et de régression humaine, si se poursuit la dégradation de la biosphère que provoque notre développement.

D'autre part, la science classique, qui reposait, jusqu'au début du XXe siècle, sur deux principes, le principe de réduction – pour connaître un ensemble, il faut le réduire à ses parties – et le principe de disjonction – c'est-à-dire de séparation des connaissances les unes des autres –, montre aujourd'hui *ses* limites, dans la mesure où ces principes ne permettent pas de saisir la complexité. Les sciences ont produit des gains inouïs de connaissance, lesquels se payent cependant en gains d'ignorance : incapacité de contextualiser, de relier ce qui est séparé, impossibilité d'appréhender les phénomènes globaux, planétaires.

Au plan technique, la même interrogation se fait jour. La technique permet le pire comme le meilleur. Elle nous rend capables d'asservir les énergies physiques mais aussi les énergies humaines. Ce ne sont pas seulement les travailleurs qui sont asservis à des tâches répétitives et standardisées ; l'ensemble de la société est assujetti à la logique de la machine artificielle, fondée sur la rationalisation et l'hyperchronométration du temps, d'où une tendance, en réaction, à fuir dans les loisirs et les vacances.

Il en résulte une critique de la raison, qu'avait déjà mise en forme l'école de Francfort sous la dénomination de « raison instrumentale », laquelle vise à l'efficience des moyens tout en ayant des finalités délirantes ou mauvaises. Elle produit, au bout du compte, les camps de concentration. On réalise d'autre part qu'il y a des limites à la logique elle-même, ainsi que l'expose le théorème de Gödel.

C'est à Nietzsche que l'on doit d'avoir formulé la « crise des fondements » : sa recherche ne trouvera pas de fondement premier. Il faut penser sans fondement. Cette pensée trouvera un écho, une cinquantaine d'années plus tard, dans les examens de Popper, Lakatos, Feyerabend sur la raison scientifique. Avec la critique de l'induction, Popper arrive à l'idée que les pilotis de la science sont sur de la vase, et qu'il n'y a pas de fondement.

Cette grande disjonction entre la philosophie et la science n'est aujourd'hui plus féconde, dans la mesure où des problèmes philosophiques réapparaissent dans la science et où la philosophie, renfermée sur elle-même, tend à se dessécher et à ne plus remplir sa fonction de réflexion sur le monde humain. La pensée rationalisatrice, quantifiante, fondée sur le calcul, et qui se réduit à l'économique, est incapable de concevoir ce que le calcul ignore, à savoir la vie, les sentiments, l'âme, nos problèmes humains.

La crise atteint nos mythes majeurs : progrès, bonheur, maîtrise du monde. Comment l'idée de progrès a-t-elle pu résister à deux guerres mondiales horribles, au fascisme, au stalinisme, et renaître, après la Seconde Guerre mondiale, sous la forme, à l'Est, de l'idée d'avenir radieux et sous celle de civilisation industrielle avancée, à l'Ouest ? Ce mythe a fini par se désintégrer à partir de l'implosion du monde soviétique et l'apparition de phénomènes régressifs. Désormais, le futur lui-même est en crise : il n'y a plus de prédiction possible, sinon des hypothèses, des scénarios.

Le futur devient inconnu. Comme le dit le philosophe tchèque Patocka : « Le devenir est problématisé et le sera à jamais. »

S'agissant de la maîtrise du monde, nous avons perdu un faux infini. Nous nous rendons compte en réalité que plus nous maîtrisons les forces matérielles du globe, et plus nous dégradons la biosphère. Avec la découverte, récemment, que le système solaire n'était qu'une toute petite banlieue de l'univers, toute idée de pouvoir humain sur l'univers s'effondre. Ne ferait-on donc pas mieux d'aménager notre Terre comme une maison commune ?

Le mythe du bonheur est lui aussi en crise. *On* commence à comprendre aujourd'hui que si les produits positifs du bonheur demeurent, des sous-produits négatifs apparaissent également : fatigue, abus de psychotropes, drogues... L'individualisme, à travers la destruction des solidarités traditionnelles, produit aussi de la solitude, de la tristesse. La ville radieuse devient ville tentaculaire, avec sa vie rationalisée, ses pollutions, son stress. On a cru pouvoir édifier une civilisation de sécurité, mais on réalise à présent que loin d'éliminer le risque, celle-ci en produit de nouveaux.

Il faut aussi parler de la crise de l'âme, de l'esprit : elle engendre un appel à l'Orient intérieur et va chercher dans l'Orient extérieur ses remèdes. Pourquoi cet appel au yogisme, au bouddhisme, cette recherche dans le *New Age*, comme si la civilisation matérielle créait un vide spirituel et un divorce entre le corps et l'esprit, divorce d'où provient l'obsession de l'amaigrissement qui hante les populations obésifiées ?

Enfin, les États-nations, incapables désormais de résoudre seuls les problèmes, vu l'interdépendance planétaire, sont également en crise.

Nous sommes entrés dans l'ère de la problématisation généralisée et de la fin de grands mythes, même si d'autres viendront. La plupart des solutions sont devenues, sans cesser d'être des solutions pour autant, des problèmes. C'est en raison de cette crise que sont nées les notions de « modernité tardive » ou de « postmodernité », laquelle est intéressante dans la mesure où elle rompt avec le culte du nouveau, dans l'architecture ou dans l'art. Le plus beau n'est pas forcément le plus nouveau, comme le dit Harold Rosenberg dans *The Tradition of the New*[1]. Le culte du nouveau existe encore dans les supermarchés, où « Bonux lave plus blanc », mais il tend à disparaître.

Peut-on donner un nom à ce qui n'est pas encore apparu, à ce qui présente un caractère incertain, chaotique ? Les antagonismes de la modernité ont atteint un degré paroxystique. Tout se passe comme s'il y avait une agonie, au

1. *La Tentation du nouveau*, Minuit, 1962.

sens originel du mot, c'est-à-dire une lutte entre les forces de vie et les forces de mort. Allons-nous arriver à un stade métamorphique de la modernité ? « Métamorphose » signifie à la fois maintien de l'identité et transformation fondamentale. C'est le ver devenu papillon après la phase de la chrysalide. Des processus métamorphiques sont en cours. Cela ne veut pas dire que la métamorphose est prévue, programmée. Je n'élimine pas l'incertitude et les probabilités de régression, voire de destruction. Mais ces précautions faites, je dirai que ces processus sont visibles, au niveau planétaire, dans l'avènement de la globalisation, laquelle serait l'ère ultime de constitution d'un système nerveux sur toute la planète, grâce à l'économie mondialisée et aux nouvelles technologies de communication. Cela ne représenterait-il pas l'infrastructure d'un nouveau monde à naître ?

On ne peut cependant prévoir à coup sûr une métamorphose dans l'histoire de l'humanité. Supposons un observateur extraterrestre venu il y a cinq milliards d'années sur notre planète à l'état de chaos. Il serait certainement revenu sur Alpha du Centaure en disant qu'il ne se passerait jamais rien d'intéressant sur la Terre, et ce, au moment même où des macromolécules étaient en train de constituer des êtres vivants. Par la suite, à partir de groupes isolés et nomades, se constituèrent, au Moyen-Orient, dans le bassin de l'Indus, en Chine, au Mexique, des sociétés historiques, des civilisations. La métamorphose est invisible à l'avance.

Une conscience planétaire, dépassant les consciences internationalistes des dernières décennies, est en train d'émerger, avec cette idée d'une Terre-patrie dont nous sommes les enfants. On passe ainsi d'un universel abstrait à un universel concret, puisqu'il s'agit de la Terre. C'est aussi l'ébauche d'une nouvelle civilisation, dans la recherche de la qualité de vie et le souci écologique, une recherche apparentée à ce que l'on a appelé un moment, en Allemagne, la *Lebensreform*.

La science s'est révolutionnée, dans la physique et la micro-physique comme dans les sciences du vivant, pour affronter la complexité. On peut également subodorer une métamorphose de la technique, dans un passage de la machine déterministe à des machines dotées de certaines qualités de la vie.

Voilà le problème actuel. Connaître l'étiquette à donner à notre modernité est de peu d'importance. L'important, c'est de suivre les processus. Au-delà de la fausse précision des dates et des étiquettes, il faut continuer à comprendre la modernité comme un processus tourbillonnaire, ou récursif, où chaque élément est co-producteur des autres. Comme le dit le titre du numéro de la revue *LaSer*[2], la modernité produit des monstres et des merveilles, et toute la question est de savoir si les monstres détruiront les merveilles ou si les merveilles subjugueront les monstres. On peut à cet égard utiliser la métaphore de l'apprenti sorcier : nous avons déchaîné des forces que nous n'arrivons pas à maîtriser !

Actuellement, les processus de régression et de destruction semblent plus importants ; la probabilité est catastrophique. Mais comme souvent dans l'histoire, l'improbable peut survenir. En 1940-1941, le probable, c'était une domination extrêmement longue de l'Empire hitlérien sur l'Europe. Il n'a fallu que quelques mois pour que l'improbable devienne probable. Je pense qu'il faut toujours parier sur l'improbable. Cela comporte un acte de confiance, d'espoir sur certaines capacités génésiques de l'individu comme de l'ensemble des hommes. Au plan biologique,

---

2. *LaSer* n° 3, *Monstres et merveilles de la modernité*, Paris, Descartes & Cie, 2003.

nous savons que des cellules souches endormies pourraient, une fois réveillées, régénérer nos organes ou nos neurones. L'avenir nous dira s'il est possible de les utiliser. Dans l'être humain, des aptitudes auto-transformatrices se réveillent en cas de crise, quand les choses rigidifiées se disloquent, face aux périls. Je crois donc en la possibilité générique d'une nouvelle universalité, par l'intégration des différentes civilisations du Nord, du Sud, de l'Est et de l'Ouest. C'est l'idée d'*arkhê*, de ce qu'il y a au principe, au début. Marx parlait de « l'homme générique », c'est-à-dire, de la capacité créatrice incluse dans l'être humain. Le développement, y compris sous sa forme émolliente de développement durable, consiste à suivre la voie qui conduit au désastre. Il faut changer de voie pour un nouveau commencement.

La Crise de la modernité (Cahier LaSer, *n° 4, Descartes et Cie, 2002).*

AU-DELÀ DES LUMIÈRES

Après l'explosion de la Renaissance, le siècle des Lumières est un moment capital dans l'histoire de la pensée européenne. La grande dialogique qui s'ouvre après la Renaissance, c'est-à-dire la relation à la fois antagoniste et complémentaire entre la foi et le doute, la raison et la religion, trouve son centre dans Pascal, homme de raison et de religion, homme de foi et de doute. Cette grande dialogique se trouve marquée au siècle des Lumières par une prépondérance (peut-être une hégémonie) de la raison.

Il est certain que la Renaissance, qui a opéré la résurrection d'une philosophie qui n'est plus servante de la religion, a rétabli et retrouvé le thème de l'autonomie de la raison issue des Grecs et a permis l'essor de la science sur des bases empirico-rationnelles avec Galilée, Descartes, Bacon. Cet essor de la science permet de connaître mais en séparant les objets de connaissance les uns des autres et en les séparant du sujet connaissant, en somme en en dissolvant la complexité. Cette raison, qui se manifeste déjà dans les sciences, va devenir souveraine au cours du XVIIIe siècle français. À ce moment-là, la raison en tant que raison constructive des théories et raison critique, va se déployer ; la raison critique va critiquer les mythes, les religions, d'une façon que je qualifierai de myope parce qu'elle ne perçoit pas le contenu humain des mythes et de la religion. Cette raison, en quelque sorte, construit ses théories – notamment les théories scientifiques – et construit l'idée d'un univers totalement accessible à la raison et l'idée d'une humanité guidée par la Raison. Cette Raison Souveraine devient providentialisée en un mythe quasi religieux.

Dans cette perspective, la science est productrice de l'authentique connaissance, c'est-à-dire de la vérité. C'est une époque où les sciences physiques, chimiques, biologiques prennent leur essor. S'impose alors cette idée que l'univers serait totalement intelligible (c'est cette intelligibilité intégrale qu'exprime le démon de Laplace. Il imagine qu'un démon doté de facultés mentales supérieures serait capable de connaître non seulement tous les événements du passé mais tous les événements du futur). La Raison guide l'humanité vers le progrès et le Progrès devient ainsi la loi inéluctable de l'histoire. Cette idée de loi inéluctable est formulée par Condorcet. Le futur va devenir radieux et l'humanisme lui-même s'épanouit sous deux aspects. Le premier aspect c'est – Dieu étant supplanté – de considérer l'homme comme le sujet de l'univers qui doit, à ce titre, finalement le maîtriser (c'est bien la mission de maîtrise de la nature que Descartes, Buffon, Marx assignent à la science). Mais le second aspect de l'humanisme c'est l'égale dignité de tous les humains. Quels qu'ils soient, ils méritent tous le même respect, cette théorie porte en elle non seulement la liberté mais également l'émancipation. Et 1789, avec l'expression des droits de l'Homme, le moment naissant de la Révolution française plein de promesses, peut être effectivement caractérisé ainsi que le disait Hegel comme « un splendide lever de soleil ».

Avec Rousseau déjà, le thème de l'affectivité (de la sensibilité) devient un thème qui s'oppose à la raison et il indique que la raison seule a un caractère abstrait et presque inhumain. Rousseau montre à sa façon le caractère abstrait de la rupture entre l'humain et le naturel en donnant à la nature une importance quasi maternelle, matricielle. Voltaire, sarcastiquement, disait de Rousseau : « Il veut nous faire marcher à quatre pattes. » Chez Rousseau il y a aussi ce thème que la civilisation apporte une dégradation humaine. Il formule le mythe de l'homme naturel qui suppose non pas qu'il existait une humanité idyllique à l'origine dans une sorte de jardin d'Éden, mais qu'il existe des potentialités humaines qui sont inhibées dans les civilisations, réprimées dans nos sociétés. D'où une interrogation sur le progrès. Le progrès n'est plus conçu comme une sorte de gain permanent du mieux. La question devient : que perd-on quand on gagne un progrès, un progrès technique, un progrès matériel, un progrès urbanistique ? Problème effectivement extrêmement actuel dans notre crise de civilisation. La Révolution française s'est bâtie simultanément sur le triomphe et la crise des Lumières. Le triomphe, avec le message émancipateur de 1789. La crise, avec cette terreur, ce culte de la raison (je pense à Alejo Carpentier, dans son magnifique roman, *Le Siècle des Lumières*, où il nous indique que les Lumières arrivent dans les Caraïbes avec la guillotine).

Quant au Romantisme, il est en quelque sorte, le jaillissement de ce qui a été refoulé par les Lumières. L'esprit de communauté, la relation mystique avec la nature, la vertu du religieux, sont des choses qui effectivement apparaissent avec une sorte de réhabilitation du Moyen Âge. C'est aussi, en quelque sorte, un sentiment très profond de la nature comportant la beauté du nocturne (Edward Young avait déjà écrit *Les Nuits*, au milieu du XVIIIe siècle). Et puis il y a la promotion de la passion par rapport à la raison. Mais le Romantisme tardif, ou plutôt le Romantisme des Romantiques devenus vieux comme Hugo ou Lamartine, ou le Romantisme des jeunes de la seconde moitié du XIXe siècle, comme Rimbaud, intègre en lui-même le message des Lumières et se voue au progrès humain que constitue l'émancipation des opprimés.

Le socialisme, et surtout la pensée de Marx, va régénérer l'idée de progrès. Le progrès lui-même qui s'effectue à travers, non pas une sorte de progression linéaire, mais à travers un conflit, la lutte des classes. Celle-ci permettra à la classe exploitée et majoritaire, le prolétariat, non seulement de s'affranchir mais de créer la société sans classe et, corrélativement, le développement des forces productives permettra l'épanouissement de la technique et de l'abondance. La révolution socialiste universelle est en quelque sorte le moyen, l'étape, par lequel se réalisera ce progrès. De même que le mythe et la religion ont contaminé l'idée de Raison à la fin du XVIIIe siècle, on peut dire là aussi que le religieux s'est infiltré en profondeur dans la promesse marxiste puisque en quelque sorte le monde nouveau s'accomplit sur un véritable messianisme ; le messie étant le prolétariat industriel, l'apocalypse la Révolution, la promesse le triomphe de la société sans classe.

Nous pouvons voir aussi, à la suite de la Révolution française, que la laïcité républicaine (sans entrer dans la thématique révolutionnaire) de la fin du XIXe siècle et du début du XXe siècle, reprend l'héritage des Lumières. Les instituteurs notamment sont porteurs de ce message face aux curés de villages. Ce message de laïcité est le suivant : le progrès est porté par le développement de la raison, de la science, de l'éducation. Il était évident que la raison ne pouvait que progresser, que la science et l'éducation également ne pouvaient apporter que des bienfaits... Toutes ces évidences, ou plutôt toutes ces solutions, font aujourd'hui problème. Elles sont terriblement obscurcies parce que nous voyons que chacun de ces termes supposés être totalement bénéfiques révèle aujourd'hui des ambivalences, un mixte de bien et de mal. La science a aussi conçu l'arme nucléaire, Hiroshima et Nagasaki. Elle a créé la capacité de produire la mort massive de l'humanité. Dans le domaine biologique, elle est capable de produire des manipulations génétiques qui peuvent servir au meilleur comme au pire. La technique elle-même peut être utilisée pour le meilleur et pour le pire. Les forces scientifiques/techniques/économiques incontrôlées par les humains conduisent également vers des dégradations irréversibles à commencer par les dégradations de la biosphère qui auront des conséquences extrêmement néfastes pour la survie de l'humanité.

Disons que le quadrimoteur constitué par science, technique, économie, profit, et qui était censé produire le progrès, propulse aujourd'hui le vaisseau spatial Terre sans qu'il n'y ait aucun pilote et porte en lui une double menace de mort : la mort de la biosphère et la mort nucléaire. C'est donc un formidable renversement. La science est certainement élucidante, mais en même temps elle est aveuglante dans la mesure où elle ne réussit pas encore à faire sa révolution qui consiste à dépasser le réductionnisme et la fragmentation du réel qu'imposent les disciplines closes. Elle est incapable de restituer des visions d'ensemble. Mais on peut espérer effectivement, qu'une science nouvelle puisse se développer, se régénérer. De même, on peut penser que la technique qui a produit des machines obéissant à une logique purement mécanique – logique du reste que les technocrates et les éconocrates ont appliqué à l'ensemble des sociétés – va produire des machines meilleures, plus sensibles aux complexités et que l'économie n'est pas condamnée à la loi concurrentielle du néolibéralisme et porte d'autres possibilités comme le commerce équitable, l'économie solidaire ou simplement l'économie citoyenne.

De toute façon, le progrès comme certitude est mort. On peut même dire que nous sommes devant une grande incertitude. Il y a une possibilité de progrès, mais le progrès a toujours besoin d'être régénéré. Aucun progrès ne peut être assuré de durer. Ainsi, par exemple, la torture avait disparu des pays d'Europe au XIXe siècle, elle est réapparue dans tous les pays d'Europe au XXe siècle. Et surtout nous voyons aujourd'hui l'alliance de deux barbaries : la vieille barbarie de la guerre qui, avec les guerres de religion, guerres d'ethnie, guerres de nation, guerres civiles, revient en force avec tout ce qu'elle apporte de haine, de mépris, de destructions et de meurtres... Et la barbarie technicienne, la barbarie abstraite du calcul qui ignore l'humain de l'humain, c'est-à-dire sa vie, ses sentiments, ses élans, ses souffrances.

Tout ceci nous conduit à l'idée qu'il faut dépasser les Lumières. Il nous faut chercher l'au-delà des Lumières. Quand je dis « dépasser », je l'entends au sens hégélien de *aufheben*, qui veut dire intégrer ce qui est dépassé, intégrer ce qu'il y a de valide dans les Lumières mais avec quelque chose d'autre. Qu'est-ce que c'est que cet au-delà des Lumières ? Cela signifie tout d'abord qu'il faut réexaminer la raison, il faut dépasser la rationalité abstraite, le primat du calcul et le primat de la logique abstraite. Il faut se débarrasser de la raison provincialisée. Il faut prendre conscience des maladies de la raison. Il faut dépasser la raison instrumentale dont parle Adorno, qui est au service des pires entreprises de meurtre. Il faut même dépasser l'idée de raison pure car il n'y a pas de raison pure, il n'y a pas de rationalité sans affectivité. Il faut une dialogique entre rationalité et affectivité, une raison métissée par l'affectivité, une rationalité ouverte. Il faut donner force à ce courant minoritaire dans ce monde occidental ou européen, celui de la rationalité autocritique, qui de Montaigne à Lévi-Strauss, reconnaît ses propres limites et comporte l'autocritique de l'Occident. Autrement dit, il nous faut une rationalité complexe qui affronte les contradictions et l'incertitude sans les noyer ou les désintégrer. Ce qui signifie, une révolution épistémologique, une révolution dans la connaissance. Il nous faut essayer de répudier l'intelligence aveugle qui ne voit que des fragments séparés, qui est incapable de relier les parties et le tout, l'élément et son contexte, qui est incapable de concevoir l'ère planétaire et de saisir le problème écologique. On peut dire que la tragédie écologique qui a commencé est la première catastrophe planétaire provoquée par la carence fondamentale de notre mode de connaissances et par la méconnaissance que comporte ce mode de connaissances. C'est donc l'effondrement de la conception lumineuse de la rationalité (c'est-à-dire celle qui apporte une lumière éblouissante et dissipe les ombres avec des idées claires et distinctes, avec la logique du déterminisme) qui, par elle-même, ignore le désordre et le hasard. Il nous faut concevoir une réalité complexe, faite d'un cocktail toujours changeant d'ordre, de désordre et d'organisation. Il faut savoir qu'il a un principe d'organisation mais aussi de désorganisation dans l'univers avec le deuxième principe de la thermodynamique. Il faut comprendre que l'univers est complexe et comportera toujours pour notre esprit incertitude et contradiction. Il faut comprendre qu'elle « est obscure la source même d'où naît notre lumière », comme le disait Jean de la Croix. Il faut comprendre que c'est l'imprévisible et l'improbable qui arrivent très souvent. Il faut remplacer le progrès déterministe, le progrès nécessaire dans tout, c'est-à-dire dans la conception de la vie, la conception de l'histoire, la conception de l'univers. Il y a deux exemples qui montrent que l'imprévu arrive : lors des guerres médiques, lorsque la petite Athènes a su par deux fois repousser le gigantesque Empire perse et lors de la Seconde Guerre mondiale, devant Moscou, fin 1941, lorsqu'un hiver à la précocité inattendue a bloqué les armées nazies. Il faut abandonner l'idée abstraite de l'humain qui se trouve dans l'humanisme. Idée abstraite parce qu'on réduit l'humain à *Homo sapiens*, à *homofaber*, à *homo economicus*. L'être humain est aussi *sapiens* et *démens*, *faber* et *mythologicus*, *economicus* et *ludens*, prosaïque et poétique, naturel et métanaturel. Il faut savoir que l'universalisme est devenu concret dans la concrétisation de l'ère planétaire où l'on peut découvrir que tous les humains ont non seulement une communauté d'origine, une communauté de nature à travers leurs diversités, mais aussi une communauté de destin. Alors l'humanisme abstrait peut devenir concret.

Le progrès dépend aussi désormais de la

conscience humaine. Le progrès acquis doit sans cesse se régénérer. La possibilité de progrès se trouve dans ce que Marx appelait « l'homme générique », dans les potentialités inhibées par nos sociétés, par la spécialisation, par la division du travail, par la sclérose... Cette idée, que l'on trouve chez Rousseau, est extrêmement importante chez Marx. Dans nos sociétés, seuls les poètes, les artistes, les inventeurs – en tant qu'êtres déviants – sont capables d'être créateurs et de générer quelque chose. Alors, se dessine une possibilité d'aller au-delà des Lumières, en les intégrant. Il faut conjuguer quatre voies qui, jusqu'à présent, se sont trouvées séparées. La première voie est la réforme de l'organisation sociale qui ne peut pas être seule la voie du progrès mais qui ne doit pas être abandonnée. La seconde voie est celle de la réforme par l'éducation qui doit se faire très en profondeur pour que l'éducation puisse aider à faire évoluer les esprits. La troisième est la réforme de vie. Et la réforme éthique proprement dite est la quatrième. Nous devons concevoir que s'il y a véritable progrès, alors il y a possibilité de métamorphose.

S'il y a une société-monde, elle sera le produit d'une métamorphose car ce sera une société de type nouveau et non pas une reproduction gigantesque de nos États nationaux actuels. Ceci est sans doute improbable mais toute ma vie j'ai espéré dans l'improbable et parfois mon espoir s'est trouvé exaucé. Notre espérance est le flambeau dans la nuit : il n'y a pas de lumière éblouissante, il n'y a que des flambeaux dans la nuit.

Au-delà des Lumières (Le Partage des connaissances, *2005).*

LE DÉFI DE LA GLOBALITÉ

Il y a un profond aveuglement sur la nature même de ce que doit être une connaissance pertinente. Selon le dogme régnant, la pertinence croît avec la spécialisation et avec l'abstraction. Or un minimum de connaissance de ce qu'est la connaissance nous apprend que le plus important est la contextualisation. Claude Bastien note que « l'évolution cognitive ne va pas vers la mise en place de connaissances de plus en plus abstraites, mais à l'inverse vers leur mise en contexte[1] » – laquelle détermine les conditions de leur insertion et les limites de leur validité.

La connaissance spécialisée est en elle-même une forme particulière d'abstraction. La spécialisation abs-trait, c'est-à-dire extrait un objet d'un champ donné, en rejette les liens et les intercommunications avec son milieu, l'insère dans un secteur conceptuel abstrait qui est celui de la discipline compartimentée, dont les frontières brisent arbitrairement la systémicité (la relation d'une

1. Claude Bastien, « Le Décalage entre logique et connaissance », *in Courrier du CNRS*, n° 79, Sciences cognitives, oct. 1992.

partie au tout) et la multidimensionnalité des phénomènes ; elle conduit à l'abstraction mathématique qui opère d'elle-même une scission avec le concret, d'une part en privilégiant tout ce qui est calculable et formalisable, d'autre part en ignorant le contexte nécessaire à l'intelligibilité de ses objets.

Ainsi l'économie, qui est la science sociale mathématiquement la plus avancée, est la science socialement et humainement la plus arriérée, car elle s'est abstraite des conditions sociales, historiques, politiques, psychologiques, écologiques inséparables des activités économiques. C'est pourquoi ses experts sont de plus en plus incapables d'interpréter les causes et conséquences des perturbations monétaires et boursières, de prévoir et de prédire le cours économique même à court terme. Comme a dit Gailbraith, « l'unique fonction des prévisions économiques est de faire paraître respectable l'économie ».

La connaissance doit certes utiliser l'abstraction, mais en cherchant à se construire par référence au contexte, et par là, elle doit mobiliser ce que le connaissant sait du monde. Comme l'écrit François Recanati[2] : « La compréhension

2. *Ibid.*, « La Pragmatique linguistique », p. 21.

des énoncés, loin de se réduire à un pur et simple décodage, est un processus non modulaire d'interprétation qui mobilise l'intelligence générale et fait largement appel à la connaissance du monde. » C'est dire que la compréhension de données particulières ne peut être pertinente que chez celui qui entretient et cultive son intelligence générale, et qui mobilise ses connaissances d'ensemble dans chaque cas particulier. Marcel Mauss disait : « Il faut recomposer le tout. » Nous ajoutons : il faut mobiliser le tout. Certes, il est impossible de connaître tout du monde, ni de saisir ses multiformes transformations. Mais, si aléatoire et difficile soit-elle, la connaissance des problèmes-clés du monde, des informations-clés concernant ce monde doit être tentée sous peine d'imbécillité cognitive. Et cela d'autant plus que le contexte, aujourd'hui, de toute connaissance politique, économique, anthropologique, écologique, etc., est le monde lui-même. L'ère planétaire nécessite de tout situer dans le contexte planétaire. La connaissance du monde en tant que monde devient nécessité à la fois intellectuelle et vitale. C'est le problème universel pour tout citoyen : comment acquérir l'accès aux informations sur le monde, et comment acquérir la possibilité de les articuler et les organiser. Mais pour les articuler et les organiser, et par-là reconnaître et connaître les problèmes du monde, il faut une réforme de pensée. Cette réforme qui comporte le développement de la contextualisation de la connaissance appelle *ipso facto* la complexification de la connaissance.

La pensée en pièces détachées

La pensée qui compartimente, découpe, isole, permet aux spécialistes et experts d'être très performants dans leurs compartiments, et de coopérer efficacement dans des secteurs de connaissance non complexes, notamment ceux concernant le fonctionnement des machines artificielles ; mais la logique à laquelle ils obéissent, étend sur la société et les relations humaines les contraintes et les mécanismes inhumains de la machine artificielle et leur vision déterministe, mécaniste, quantitative, formaliste ignore, occulte ou dissout tout ce qui est subjectif, affectif, libre, créateur. De plus, les esprits parcellarisés et techno-bureaucratisés sont aveugles aux inter-rétro-actions et à la causalité en boucle et ils considèrent encore souvent les phénomènes selon la causalité linéaire ; ils perçoivent les réalités vivantes et sociales selon la conception mécaniste/déterministe, valable seulement pour les machines artificielles. Plus largement et profondément, il y a incapacité de l'esprit techno-bureaucratique de percevoir aussi bien que de concevoir le global et le fondamental, la complexité des problèmes humains.

Les problèmes sont interdépendants dans le temps et l'espace, alors que les recherches disciplinaires isolent les problèmes les uns des autres. Il y a certes, notamment en ce qui concerne l'environnement et le développement, une première prise de conscience qui conduit à promouvoir des recherches interdisciplinaires, mais, en dépit d'une affectation de crédits importante à cet effet, les résultats sont maigres parce que les diplômes, carrières, systèmes d'évaluation se font dans le cadre des disciplines. Il y a surtout une résistance de l'*establishment* mandarinal/universitaire à la pensée transdisciplinaire, aussi formidable que le fut celle de la Sorbonne du XVIIe siècle au développement des sciences.

La possibilité de penser et le droit à la pensée sont refusés par le principe même d'organisation disciplinaire des connaissances scientifiques et par le renfermement de la philosophie sur elle-même.

La plupart des philosophes dédaignent de consacrer leur réflexion aux connaissances nouvelles qui modifient les conceptions du monde, du réel, de l'homme, etc. Pour la première fois dans la tradition née des Grecs, ils se détournent du cosmos, du destin de l'homme dans le monde, des apories du réel. Le monde agonise, et ils discutent du sexe d'Œdipe, débattent du *Lebenswelt* sans *Leben* ni *Welt*.

La fausse rationalité

La fausse rationalité, c'est-à-dire la rationalisation abstraite et unidimensionnelle triomphe sur les terres : les remembrements hâtifs, les sillons trop profonds et longitudinaux, le déboisement et la désarbrisation non contrôlés, le bétonnage des chemins, l'urbanisme qui ne vise qu'à la rentabilisation de la surface au sol, la pseudo-fonctionnalité planificatrice qui ne tient pas compte des besoins non quantifiables et non identifiables par questionnaires, ont multiplié les banlieues hachelémisées, les villes nouvelles devenant rapidement isolats d'ennui, de saleté, de dégradations, d'incurie, de dépersonnalisation, de délinquance.

Partout, et pendant des dizaines d'années, des solutions prétendument rationnelles apportées par des experts convaincus d'œuvrer pour la raison et le progrès et de ne rencontrer que superstitions dans les coutumes et craintes des populations ont appauvri en enrichissant, ont détruit en créant. Les plus monumentaux chefs-d'œuvre de cette rationalité techno-bureaucratique ont été réalisés en URSS : on y a par exemple détourné le cours des fleuves pour irriguer même aux heures les plus chaudes des hectares sans arbres de culture de coton, d'où salinisation du sol par remontée du sel de la terre, volatilisation des eaux souterraines, assèchement de la mer d'Aral.

L'intelligence parcellarisée, compartimentée, mécanistique, disjonctive, réductionniste, brise le complexe du monde en fragments disjoints, fractionne les problèmes, sépare ce qui est relié, unidimensionnalise le multidimensionnel. C'est une intelligence à la fois myope, presbyte, daltonienne, borgne ; elle finit le plus souvent par être aveugle. Elle détruit dans l'œuf toutes les possibilités de compréhension et de réflexion, éliminant aussi toutes chances d'un jugement correctif ou d'une vue à long terme. Ainsi, plus les problèmes deviennent multidimensionnels, plus il y a incapacité à penser leur multidimensionnalité ; plus progresse la crise, plus progresse l'incapacité à penser la crise ; plus les problèmes deviennent planétaires, plus ils deviennent impensés. Incapable d'envisager le contexte et le complexe planétaire, l'intelligence aveugle rend inconscient et irresponsable. Elle est devenue mortifère.

Un des aspects du problème planétaire est que les solutions intellectuelles scientifiques ou philosophiques auxquelles on recourt habituellement constituent en elles-mêmes les problèmes les plus urgents et les plus graves à résoudre : comme l'ont dit Aurelio Peccei et Daisaku Ikeda[3] : « L'approche réductionniste qui consiste à s'en remettre à une seule série de facteurs pour régler la totalité des problèmes posés par la crise multiforme que nous traversons actuellement est moins une solution que le problème lui-même. »

Restaurer la rationalité contre la rationalisation

La pensée mutilée et l'intelligence aveugle se prétendent et se croient rationnelles. La vraie

3. *Cri d'alarme pour le XXIe siècle*, PUF, 1986.

rationalité est ouverte, et dialogue avec un réel qui lui résiste. Elle opère une navette incessante entre la logique et l'empirique ; elle est le fruit du débat argumenté des idées, et non la propriété d'un système d'idées. La raison qui ignore les êtres, la subjectivité, l'affectivité, la vie est irrationnelle. Il faut faire la part du mythe, de l'affect, de l'amour, du repentir, qui doivent être considérés rationnellement. La vraie rationalité connaît les limites de la logique, du déterminisme, du mécanisme ; elle sait que l'esprit humain ne saurait être omniscient, que la réalité comporte du mystère. Elle négocie avec l'irrationalisé, l'obscur, l'irrationalisable. Elle doit lutter contre la rationalisation qui puise aux mêmes sources que les siennes et qui pourtant n'enferme, dans son système cohérent qui se veut exhaustif, que des fragments de réalité. Elle est non seulement critique, mais autocritique.

La rationalité n'est pas une propriété – dans les deux sens du terme : 1°) la qualité dont sont dotés certains esprits (scientifiques, techniciens) et dont sont dénués les autres ; 2°) le bien dont les techniciens et les scientifiques sont propriétaires.

En devenir conscient nous invite à rompre avec l'illusion, proprement occidentale, de se croire propriétaire de la rationalité, et avec l'habitude de juger toute culture à la mesure de ses performances technologiques. À considérer dans sa complexité l'identité terrienne de l'être humain.

Penser le contexte et le complexe

L'identité terrienne et l'anthropolitique[4] ne sauraient être conçues sans une pensée capable de relier les notions disjointes et les savoirs compartimentés. Les connaissances nouvelles qui nous font découvrir la Terre-Patrie – la Terre-système, la Terre-Gaïa, la biosphère, la place de la Terre dans le cosmos – n'ont aucun sens tant qu'elles sont séparées les unes des autres. Répétons-le : la Terre, ce n'est pas l'addition d'une planète physique, plus la biosphère, plus l'humanité. La Terre c'est une totalité complexe physique-biologique-anthropologique, où la Vie est une émergence de l'histoire de la Terre, et l'homme une émergence de l'histoire de la vie terrestre. La relation de l'homme

4. *Introduction à une politique de l'homme*, Nouvellle édition, coll. Points, Seuil, 1999.

à la nature ne peut être conçue de façon réductrice ni de façon disjointe. L'humanité est une entité planétaire et biosphérique. L'être humain, à la fois naturel et sur-naturel, doit être sourcé dans la nature vivante et physique, mais il en émerge et s'en distingue par la culture, la pensée et la conscience.

Les pensées fractionnelles, qui morcellent tout ce qui est global, ignorent par nature le complexe anthropologique et le contexte planétaire. Mais il ne suffit pas de brandir le drapeau du global : il faut associer les éléments du global dans une articulation organisatrice complexe, il faut contextualiser ce global lui-même. La réforme de pensée nécessaire est celle qui générera une pensée du contexte et du complexe.

La pensée du contexte :

Nous devons penser en termes planétaires la politique, l'économie, la démographie, l'écologie, la sauvegarde des trésors biologiques, écologiques et culturels régionaux – par exemple en Amazonie, à la fois les cultures indiennes et la forêt –, des diversités animales et végétales, des diversités culturelles – fruits d'expériences multimillénaires qui sont inséparables des diversités écologiques, etc. Mais il ne suffit pas d'inscrire toutes choses et événements dans un « cadre » ou « horizon » planétaire. Il s'agit de rechercher toujours la relation d'inséparabilité et d'inter-rétro-action entre tout phénomène et son contexte, et de tout contexte avec le contexte planétaire.

La pensée du complexe :

Il y a nécessité d'une pensée qui relie ce qui est disjoint et compartimenté, qui respecte le divers tout en reconnaissant l'un, qui essaie de discerner les interdépendances,

– d'une pensée radicale (qui va à la racine des problèmes),

– d'une pensée multidimensionnelle,

– d'une pensée organisatrice ou systémique concevant la relation tout/parties – comme elle a commencé à se développer dans les sciences écologiques et les sciences de la Terre,

– d'une pensée écologisée qui au lieu d'isoler l'objet étudié, le considère dans et par sa relation auto-éco-organisatrice avec son environnement culturel, social, économique, politique, naturel,

– d'une pensée qui conçoive l'écologie de l'action et la dialectique de l'action, et soit capable d'une stratégie qui permet de modifier voire d'annuler l'action entreprise,

– d'une pensée qui reconnaisse son inachèvement et négocie avec l'incertitude, notamment dans l'action car il n'y a d'action que dans l'incertain.

Il y a nécessité de faire face à des problèmes comportant incertitudes et imprévisibilités, inter-dépendances et inter-rétro-actions à extension planétaire relativement rapide (Francesco di Castri), avec discontinuités, non-linéarités, déséquilibres, comportements « chaotiques », bifurcations.

Le particulier devient abstrait, lorsqu'il est isolé de son contexte, isolé du tout dont il fait partie. Le global devient abstrait lorsqu'il n'est qu'un tout détaché de ses parties. La pensée du complexe planétaire nous renvoie sans cesse de la partie au tout et du tout à la partie.

La formule complexe de l'anthropolitique ne se borne pas au « penser global, agir local », elle s'exprime par le couplage : penser global/agir local ; penser local/agir global. La pensée planétaire cesse d'opposer l'universel et le concret, le général et le singulier : l'universel est devenu singulier – c'est l'univers cosmique, et concret – c'est l'univers terrestre.

La perte d'un universalisme abstrait apparaît à beaucoup comme la perte de l'universel, la perte d'un pseudo-rationalisme apparaît aux rationalisateurs comme une montée de l'irrationalisme.

Il y a certes crise d'un universalisme progressiste abstrait mais, dans le processus même où tout devient mondial et où tout se situe dans l'univers singulier qui est le nôtre, il y a enfin émergence de l'universel concret.

La restauration de la pensée

Il n'y a plus de place reconnue à la pensée dans l'univers disciplinaire. Il y a des philosophes, des scientifiques qui pensent, il y a des non-scientifiques et des non-philosophes qui pensent, mais la pensée semble une activité ancillaire de la science, de la philosophie, alors que sciences et philosophies sont vouées à penser l'homme, la vie, le monde, le réel, et que cette pensée devrait rétroagir sur les consciences et orienter le vivre.

La réforme de pensée est un problème anthropologique et historique-clé.

Jamais dans l'histoire de l'humanité les responsabilités de la pensée et de la culture n'ont été aussi écrasantes.

Le défi de la globalité, Éducation et Management, *décembre 2002.*

Une mondialisation plurielle

La globalisation qui commence en 1990 est l'étape actuelle d'une ère planétaire s'ouvrant au XVIe siècle par la conquête des Amériques et l'expansion des puissances d'Europe occidentale sur le monde. Ce processus est marqué par la prédation, l'esclavage, la colonisation, mais l'ère planétaire connaît aussi un autre développement.

De fait, la civilisation occidentale a produit les antidotes à la barbarie qu'elle a engendrée ; ceux-ci, bien qu'insuffisants et fragiles, ont miné de l'intérieur l'esclavage ; les idées émancipatrices, prises en main par les asservis, ont conduit aux décolonisations sur la plus grande partie du globe. Selon un remarquable paradoxe historique, qui se vérifie à nouveau pour le droit des femmes, le foyer de la plus grande et durable domination fut aussi celui des idées émancipatrices. Aussi a-t-il fallu lutter contre l'impérialisme occidental pour appliquer les valeurs occidentales.

La globalisation des années 1990 s'inscrit dans le double processus de domination/émancipation et lui apporte des caractères nouveaux.

L'implosion du totalitarisme soviétique et la faillite des économies bureaucratisées d'État favorisent à la fois une poussée démocratique sur tous les continents et une expansion du marché devenant véritablement mondial sous l'égide du libéralisme économique ; le capitalisme se trouve énergétisé par une fabuleuse expansion informatique, l'économie marchande envahit tous les secteurs de l'humain, de la vie, de la nature ; corrélativement la mondialisation de réseaux de communication instantanée dynamise le marché mondial et est dynamisée par lui.

Ainsi la globalisation des années 1990 opère une mondialisation techno-économique en même temps qu'elle favorise une autre mondialisation, certes inachevée, vulnérable de caractère humaniste et démocratique, laquelle se trouve contrariée par les séquelles des colonialismes, le handicap de graves inégalités ainsi que par le déchaînement du profit.

Société-monde ?

Cette globalisation techno-économique peut être considérée comme le stade ultime de la planétarisation. Elle peut être considérée en même temps comme l'émergence d'une infrastructure d'un nouveau type de société : une société-monde.

Une société dispose d'un territoire comportant un système de communications. La planète est un territoire doté d'une texture de communications (avions, phone, fax, Internet) comme jamais aucune société n'a pu disposer dans le passé.

Une société inclut une économie ; l'économie est désormais mondiale, mais il lui manque les contraintes d'une société organisée (lois, droit, contrôles) et les institutions mondiales actuelles, FMI et autres sont inaptes à effectuer les plus élémentaires régulations.

Une société est inséparable d'une civilisation. Il existe une civilisation mondiale, issue de la civilisation occidentale, que développe le jeu interactif de la science, de la technique, de l'industrie, du capitalisme et qui comporte un certain nombre de valeurs standard.

Une société, tout en comportant en son sein de multiples cultures, suscite aussi une culture propre. Or il existe de multiples courants transculturels qui constituent une quasi-culture planétaire. Au cours de XXe siècle, les médias ont produit, diffusé et brassé un folklore mondial à partir de thèmes originaux issus de cultures différentes, tantôt ressourcés, tantôt syncrétisés. Un folklore planétaire s'est constitué et il s'enrichit par intégrations et rencontres. Il a répandu sur le monde le jazz qui a ramifié divers styles à partir de la Nouvelle-Orléans, le tango né dans le quartier portuaire de Buenos Aires, le mambo cubain, la valse de Vienne, le rock américain qui lui-même produit des variétés différenciées dans le monde entier. Il a intégré le sitar indien de Ravi Shankar, le flamenco andalou, la mélopée arabe d'Oum Kalsoum, le huayno des Andes. Le rock apparu aux États-Unis, s'est acclimaté dans toutes les langues du monde, prenant à chaque fois une identité nationale. Aujourd'hui, à Pékin, Canton, Tokyo, Paris, Moscou, on danse, on fête, on communie rock, et la jeunesse de tous les pays va planer au même rythme sur la même planète. La diffusion mondiale du rock a d'ailleurs suscité un peu partout de nouvelles originalités métisses comme le raï et enfin concocté dans le rock-fusion une sorte de bouillon rythmique où viennent s'entre épouser les cultures musicales du monde entier.

Il est remarquable que les formidables machines culturelles du cinéma, de la chanson, du rock, de la télévision, animée par le profit et organisées selon une division quasi industrielle du travail, surtout à Hollywood aient produit non seulement des œuvres médiocres et conformistes, mais aussi des œuvres belles et fortes ; il y eut et il y a de la créativité dans tous ces domaines ; comme je l'ai expliqué dans *L'Esprit du temps*[1], on ne peut pas produire en série des films ou chansons identiques, chacun doit avoir sa singularité et son originalité, et la production fait nécessairement appel à la création. Souvent la production asphyxie la création, mais il advient que la création permette des chefs-d'œuvre ; l'art du cinéma a partout fleuri, sur tous les continents, et il est devenu un art mondialisé tout en préservant les originalités des artistes et des cultures...

Quand il s'agit d'art, de musique, de littérature, de pensée, la mondialisation culturelle n'est pas homogénéisante. Il se constitue de grandes vagues transculturelles, qui favorisent l'expression des originalités nationales en leur sein. Métissages, hybridations, personnalités cosmopolites ou biculturelles (Octavio Paz, Rushdie,

1. Grasset, 1962 ; réédition complétée, à paraître fin 2007, Armand Colin.

Arjun Appadura) enrichissent sans cesse cette vie transculturelle. Ainsi, pour le pire parfois, mais aussi souvent pour le meilleur, les cultures du monde entier s'entre fécondent sans pourtant encore savoir qu'elles font des enfants planétaires.

Ajoutons à cela les sentiments communautaires transnationaux qui se manifestent à travers la mondialisation de la culture adolescente et la mondialisation de l'action féministe.

Par ailleurs, comme dans toute société, il s'est créé un *underground*, mais cette fois planétaire, avec sa criminalité : dès les années 1990 se sont déployées des maffias intercontinentales (notamment de la drogue et de la prostitution).

Enfin, la mondialisation de la nation, qui s'est achevée à la fin du XXe siècle, donne un trait commun de civilisation et culture à la planète ; mais en même temps elle la morcelle plus encore, et la souveraineté absolue des nations fait obstacle, justement à l'émergence d'une société-monde. Émancipatrice et oppressive la nation rend extrêmement difficile la création de confédérations qui répondraient aux besoins vitaux des continents et elle fait obstacle à la naissance d'une confédération planétaire.

Ébauches d'une citoyenneté terrestre

Malheureusement les internationales qui créaient une solidarité planétaire des travailleurs ont dépéri, mais les aspirations qui les nourrissaient ont ressuscité à travers des avant-gardes de citoyenneté terrestre.

Gary Davis fut le précurseur qui, après la Seconde Guerre mondiale, créa l'association internationale des *Citoyens du Monde*, qui bien que marginalisée entretint l'aspiration à l'unité planétaire.

Depuis les années 1970, les associations de médecins vont en tous lieux soigner toutes les détresses sans distinction ethnique ou religieuse. *Amnesty International* défend les droits humains sur toute la planète en dénonçant l'emprisonnement arbitraire et la torture d'État. *Greenpeace* s'est consacré à la tache vitale de sauvegarder la biosphère. *Survival international* se voue aux petits peuples qui en tous continents sont menacés d'extermination culturelle ou physique. De nombreuses associations non gouvernementales se dédient à des problèmes communs pour toute l'humanité, notamment l'égalité des droits pour les femmes.

Il y eut un saut qualitatif en décembre 1999.

La manifestation de l'anti-Seattle contre la mondialisation techno-économique s'est transformée en manifestation pour une autre mondialisation, dont la devise fut « le monde n'est pas une marchandise ». Cette prise de conscience de la nécessité d'une réponse à l'échelle planétaire, chercha à se prolonger en force de proposition. Porto Alegre devint ainsi le forum d'une société civile mondiale naissante.

Il faut savoir aussi ce qui fut ignoré par les médias, que l'Alliance pour un monde responsable et solidaire organisa pendant dix jours à Lille au début décembre 2001, une *Assemblée des citoyens du monde*, regroupant 700 ressortissants de tous pays et continents, qui dans une ferveur magnifique ont élaboré à travers des débats une charte des responsabilités humaines.

En mars 2001 fut créé, sur l'initiative de Federico Mayor, ancien directeur de l'UNESCO, un « réseau des réseaux de la société civile mondiaux » nommé *Ubuntu* (terme africain qui désigne l'humanité). *Ubuntu* se réunit en mars 2002 pour créer un « panel sur la gouvernabilité démocratique » visant à la « réforme profonde du système des institutions internationales ».

Enfin à la suite d'une réunion tenue à Bled en octobre 2001 sur l'initiative du président de la Slovénie, s'est fondé en février 2002 un *Collège international éthique, politique et scientifique* qui se donne une mission de « veille et d'alerte sur les principaux risques que court l'humanité » afin de leur opposer une « réponse civique et éthique ».

Ainsi donc, si la planète constitue un territoire disposant d'un système de communications, d'une économie, d'une civilisation, d'une culture, d'une avant-garde de société civile, il lui manque un certain nombre de dispositions essentielles qui sont d'organisation, de droit, d'instance de pouvoir et de régulation pour l'économie, la politique, la police, la biosphère, de gouvernance, de citoyenneté. L'ONU ne peut se constituer en autorité supranationale et son système de veto la paralyse. La conférence de Kyoto n'a pu instituer une instance de sauvegarde pour la biosphère. Enfin une société-monde ne pourrait émerger qu'avec une armée et une police internationales.

Il n'y a pas encore de société civile mondiale, et la conscience que nous sommes des citoyens de la Terre-Patrie est dispersée, embryonnaire.

Bref la mondialisation a installé l'infrastructure d'une société-monde qu'elle est incapable d'instaurer. Nous avons les soubassements mais non l'édifice. Nous avons le *hardware* et non le *software*.

Le choc 9/11

Le 11 septembre 2001 a constitué un électrochoc décisif pour le devenir de la société-monde, et a répandu sur le globe, à partir de la désintégration des deux tours de Manhattan, le sentiment d'une menace planétaire. La découverte d'un réseau clandestin politico-religieux ramifié en tous pays, doté d'une capacité destructrice inouïe, a suscité le besoin d'une police et d'une gendarmerie, institutions décisives pour l'émergence d'une société monde. En voulant désintégrer la mondialisation, Al-Qaïda a stimulé la formation d'une police mondiale.

L'ONU était naturellement destinée à constituer la force de police planétaire. Mais en les frappant en son cœur, Al-Qaïda a donné aux États-Unis, vu leur implication totale et leur énorme puissance, l'impulsion à assumer une mission mondiale de police militaire sous le nom de « guerre au terrorisme ». Les mots d'« État voyou », d'« État délinquant » montrent bien ce que cette guerre a de policier. Une double perspective s'est offerte depuis le 11 septembre 2001 : celle d'un développement des compétences des Nations Unies, constituant leur police leur gendarmerie, leur armée ce qui tendrait à la formation d'une société-monde confédérale ; celle d'une gouvernance impériale, effectuée par les États-Unis, tendant à la formation d'un Empire-Monde. Al-Qaïda a voulu détruire la domination des États-Unis ; il l'a, jusqu'à présent et peut être pour longtemps, renforcée.

L'ONU s'est mobilisée, mais les USA ont pris les commandes.

Le besoin d'une police planétaire est apparu à George Bush, mais non point malheureusement le besoin d'une politique planétaire. La répression peut combattre les symptômes, mais elle ne saurait combattre les causes et, elle peut surtout les entretenir. Seule une politique à l'échelle mondiale peut traiter les causes. Ces causes se trouvent dans les inégalités, les injustices, les dénis. Il s'agit de combiner une *world politics* à une *world policy*. Mais, sous la commande des USA, la *world politics* est atrophiée et la *world policy* hypertrophiée. Pire : comme les résistances des peuples opprimés sont qualifiées de terroristes par leurs oppresseurs, la « guerre au terrorisme » a déterminé une alliance des hégémonies contre les résistances nationales. Pire encore : le mot terrorisme camoufle les terrorismes d'États pratiquant une répression aveugle sur des populations civiles, en Tchétchénie et en Israël, où elle a favorisé les raids de terreur pour liquider la résistance palestinienne.

Rompre avec le développement

Quelle politique faudrait-il pour qu'une société monde puisse se constituer, non comme parachèvement planétaire d'un empire hégémonique mais sur la base d'une confédération civilisatrice ?

Proposons ici non pas un programme ni un projet, mais les principes qui permettraient d'ouvrir une voie. Ce sont les principes de ce que j'ai appelé l'*anthropolitique*[2] (politique de l'humanité à l'échelle planétaire), et *politique de civilisation*[3].

Ceci doit nous amener tout d'abord à nous défaire du terme de développement, même

2. *Introduction à une politique de l'homme, op. cit.*
3. *Pour une politique de civilisation*, Arléa, 2002.

amendé ou amadoué en développement durable, soutenable ou humain.

L'idée de développement a toujours comporté une base techno-économique, mesurable par les indicateurs de croissance et ceux du revenu. Elle suppose de façon implicite que le développement techno-économique est la locomotive qui entraîne naturellement à sa suite un « développement humain » dont le modèle accompli et réussi est celui des pays réputés développés, autrement dit occidentaux. Cette vision suppose que l'état actuel des sociétés occidentales constitue le but et la finalité de l'histoire humaine.

Le développement « durable » ne fait que tempérer le développement par considération du contexte écologique, mais sans mettre en cause ses principes ; dans le développement « humain » le mot humain est vide de toute substance, à moins qu'il ne renvoie au modèle humain occidental, qui certes comporte des traits essentiellement positifs mais aussi, répétons-le, des traits essentiellement négatifs.

Aussi le développement, notion apparemment universaliste, constitue un mythe typique du sociocentrisme occidental, un moteur d'occidentalisation forcenée, un instrument de colonisation des « sous-développés » (le Sud) par le

Nord. Comme le dit justement Serge Latouche, « ces valeurs occidentales (du développement) sont précisément celles qu'il faut remettre en question pour trouver solution aux problèmes du monde contemporain » (*Le Monde diplomatique*, mai 2001).

Le développement ignore ce qui n'est ni calculable ni mesurable, c'est-à-dire la vie, la souffrance, la joie, l'amour, et sa seule mesure de satisfaction est dans la croissance de la production, de la productivité, du revenu monétaire. Conçu uniquement en termes quantitatifs, il ignore les qualités, les qualités de l'existence, les qualités de solidarité, les qualités du milieu, la qualité de la vie, les richesses humaines non calculables et non monnayables ; il ignore le don, la magnanimité, l'honneur, la conscience. Sa démarche balaie les trésors culturels et les connaissances des civilisations archaïques et traditionnelles ; le concept aveugle et grossier de sous-développement désintègre les arts de vie et sagesses de cultures millénaires.

Sa rationalité quantifiante en est irrationnelle lorsque le PIB (produit intérieur brut) comptabilise comme positives toutes activités génératrices de flux monétaires, y compris les catastrophes comme le naufrage de l'*Erika* ou la tempête de 1999, et lorsqu'il méconnaît les activités bénéfiques gratuites.

Le développement ignore que la croissance techno-économique produit aussi du sous-développement moral et psychique : l'hyperspécialisation généralisée, les compartimentations en tous domaines l'hyperindividualisme, l'esprit de lucre entraînent la perte des solidarités. L'éducation disciplinaire du monde développé apporte bien des connaissances, mais elle engendre une connaissance spécialisée qui est incapable de saisir les problèmes multidimensionnels et elle détermine une incapacité intellectuelle de reconnaître les problèmes fondamentaux et globaux.

Le développement comporte en lui comme bénéfique et positif tout ce qui est problématique, néfaste et funeste dans la civilisation occidentale sans pour autant comporter nécessairement en lui ce qu'il y a de fécond (droits humains, responsabilité individuelle, culture humaniste, démocratie).

Le développement apporte certes des progrès scientifiques, techniques, médicaux, sociaux, mais il apporte aussi des destructions dans la biosphère, des destructions culturelles, de nouvelles inégalités, de nouvelles servitudes se substituant aux anciens asservissements. Le développement déchaîné de la science et de la technique apporte en lui-même une menace d'anéantissement (nucléaire, écologique) et des redoutables pouvoirs de manipulation. Le terme de développement durable ou soutenable peut ralentir ou atténuer, mais non modifier ce cours destructeur. Il s'agit dès lors, non tant de ralentir ou d'atténuer, mais de concevoir un nouveau départ.

Enfin le développement, dont le modèle, l'idéal, la finalité sont la civilisation occidentale, ignore que cette civilisation est en crise, que son bien-être comporte du mal-être, que son individualisme comporte clôtures égocentriques et solitudes, que ses épanouissements urbains techniques et industriels comportent stress et nuisances et que les forces qu'a déchaînées son « développement » conduisent à la mort nucléaire et à la mort écologique. Nous avons besoin, non de continuer, mais d'un nouveau commencement.

Toute nouvelle évolution suppose une involution

Le développement ignore qu'un véritable progrès humain ne peut partir de l'aujourd'hui, mais qu'il nécessite un retour aux potentialités humaines génériques, c'est-à-dire une re-génération. De même qu'un individu porte en son organisme les cellules souches totipotentes qui peuvent le régénérer, de même l'humanité porte en elle les principes de sa propre régénération, mais endormis, enfermés dans les spécialisations et les scléroses sociales. Ce sont ces principes qui permettraient de substituer à la notion de développement celle d'une politique de l'humanité (anthropolitique) que j'ai depuis longtemps suggérée[4] et celle d'une politique de civilisation[5].

Pour une politique de l'humanité

La politique de l'humain aurait pour mission la plus urgente de solidariser la planète.

Ainsi une agence *ad hoc* des Nations Unies devrait disposer de fonds propres pour l'humanité défavorisée, souffrante, misérable. Elle devrait comporter un Office mondial de médicaments

4. *Introduction à une politique de l'homme*, première édition 1965, rééditée et complétée, Le Point, Seuil, 1999.

5. Cf. *Pour une politique de civilisation, op. cit.*

gratuits pour le Sida et les maladies infectieuses, un Office mondial d'alimentation pour les populations dénuées ou frappées de famines, une aide substantielle aux ONG humanitaires. Les nations riches devraient procéder à une mobilisation massive de leur jeunesse en un service civique planétaire partout où les besoins s'en font sentir (sécheresse, inondation, épidémies). Le problème de la pauvreté est mal estimé en termes de revenus ; c'est surtout celui de l'injustice dont souffrent les indigents, miséreux, nécessiteux, les subalternes, les prolétaires, non seulement devant la malnutrition ou la maladie, mais dans tous les aspects de l'existence où ils sont dépourvus de respect et de considération. Le problème des démunis, c'est leur impuissance devant le mépris, l'ignorance, les coups du sort. La pauvreté est beaucoup plus que la pauvreté. C'est dire que pour l'essentiel, elle ne se calcule ni se mesure en termes monétaires.

La politique de l'humanité serait corrélativement une politique de justice pour tous ceux qui, non occidentaux, subissent le déni des droits reconnus par l'Occident pour lui-même.

La politique de l'humanité serait en même temps une politique pour constituer, sauvegarder et contrôler les biens planétaires communs. Alors que ceux-ci sont actuellement limités et excentriques (l'Antarctique, la Lune), il faudrait y introduire le contrôle de l'eau, ses rétentions et ses détournements, ainsi que les gisements pétroliers.

La politique de civilisation aurait pour mission de développer le meilleur de la civilisation occidentale, d'en rejeter le pire, et d'opérer une symbiose de civilisations intégrant les apports fondamentaux de l'Orient et du Sud. Cette politique de civilisation serait nécessaire à l'Occident lui-même. Celui-ci souffre de plus en plus de la domination du calcul, de la technique, du profit sur tous les aspects de la vie humaine, de la domination de la quantité sur la qualité, de la dégradation de la qualité de la vie dans les mégapoles, de la désertification de campagnes livrées à l'agriculture et l'élevage industriels qui ont déjà produit bien des catastrophes alimentaires. Le paradoxe est que cette civilisation occidentale qui triomphe dans le monde est en crise en son cœur même, et son accomplissement est la révélation de ses propres carences.

La politique de l'homme et la politique de civilisation doivent converger sur les problèmes vitaux de la planète. Le vaisseau spatial Terre est propulsé par quatre moteurs associés et en même temps incontrôlés : science, technique, industrie, capitalisme (profit). Le problème est d'établir un contrôle sur ces moteurs : les pouvoirs de la science, ceux de la technique, ceux de l'industrie doivent être contrôlés par l'éthique, qui ne peut imposer son contrôle que par la politique ; l'économie doit non seulement être régulée, mais elle doit devenir plurielle en comportant les mutuelles, associations, coopératives, échanges de services.

Ainsi une société-monde devrait comporter, pour résoudre ses problèmes fondamentaux et affronter ses périls extrêmes, à la fois une politique de l'homme et une politique de civilisation. Mais elle a pour cela besoin de gouvernance. Une gouvernance démocratique mondiale est actuellement hors de portée ; toutefois les sociétés démocratiques se préparent par des moyens non démocratiques, c'est-à-dire des réformes imposées.

Il serait souhaitable que cette gouvernance s'effectue à partir des Nations Unies qui ainsi se confédéreraient, en créant des instances planétaires dotées de pouvoir sur les problèmes vitaux et les périls extrêmes (armes nucléaires et biologiques, terrorismes, écologie, économie, culture). Mais l'exemple de l'Europe nous montre la lenteur d'un cheminement qui exige un consensus de tous les partenaires. Il faudrait une montée soudaine et terrible de périls, la venue d'une catastrophe pour constituer l'électrochoc nécessaire aux prises de conscience et aux prises de décision.

À travers régression, dislocation, chaos, désastres, la Terre-Patrie pourrait surgir d'un civisme planétaire, d'une émergence de société civile mondiale, d'une amplification des Nations Unies, non se substituant aux patries, mais les enveloppant.

L'obstacle énorme : l'humanité elle-même

Nous venons de dessiner le schéma rationnel et humaniste d'une société-monde comme si celle-ci devait se former selon cette rationalité et cet humanisme. Mais l'on ne saurait se masquer plus longtemps les obstacles énormes qui s'y opposent.

Il y a tout d'abord le fait que la tendance à l'unification de la société-monde suscite des résistances nationales, ethniques, religieuses qui tendent à la balkanisation de la planète, et que l'élimination de ces résistances supposerait une domination implacable.

Il y a surtout l'immaturité des États-nations, des esprits, des consciences, c'est-à-dire fondamentalement l'immaturité de l'humanité à s'accomplir elle-même.

C'est dire du même coup que loin de se forger comme société-monde civilisée, comme nous l'avons envisagé, il se forgera, si elle réussit à se forger, une société-monde grossière et barbare. Il y a de plus, en concurrence à la possibilité d'une société-monde confédérale, la possibilité d'une gouvernance impériale, assurée et assumée par les États-Unis. En même temps qu'on est en chemin vers une société-monde, l'on chemine pour que cette société-monde prenne la forme d'un empire-monde. Certes cet empire-monde ne pourrait guère intégrer la Chine, mais il pourrait comporter comme satellites l'Europe et la Russie.

Certes le caractère démocratique et polyethnique des États-Unis empêcherait un empire racial et totalitaire. Mais il n'empêcherait pas une domination brutale impitoyable sur les non-conformités et les résistances aux intérêts hégémoniques. Par ailleurs, quelle que soit sa voie de formation, la société-monde n'abolirait pas d'elle-même les exploitations, les dominations, les dénis, les inégalités existantes. La société-monde ne va pas résoudre *ipso facto* les graves problèmes présents dans nos sociétés et dans notre monde, mais c'est la seule voie par laquelle le monde pourrait éventuellement progresser.

Certes, à partir d'une société-monde, comme d'un empire-monde, on peut entrevoir un long chemin possible vers une citoyenneté et une pacification planétaires. L'Empire romain fut fondé sur deux siècles de prédations et de conquêtes féroces, mais en 212 l'édit de Caracalla accordait la citoyenneté à tous les ressortissants de l'Empire.

C'est dire que nous arrivons, non seulement à un terme historique, mais aux préliminaires d'un nouveau commencement, qui comme tous les commencements comportera barbarie et cruauté, et que la route pour une humanité civilisée sera longue et aléatoire. Et ce cheminement se fera, comme cela a commencé depuis Hiroshima, à l'ombre de la mort. Peut-être ce commencement sera-t-il une fin.

Ainsi, qu'il y ait société-monde ou empire-monde, le problème principal demeure.

Il n'y a pas seulement en effet le déchaînement et la compétition des intérêts, des ambitions, des pouvoirs, des exploitations, favorisés par l'état actuel du monde ; il n'y a pas que les furies fanatiques qu'exacerbent les entrechocs des cultures ; il y a les individualismes occidentaux comme les communautarismes de partout qui s'amplifient conjointement sur la planète et favorisent le mal primordial de l'incompréhension humaine. L'humanisme des sociétés occidentales favorise en principe la compréhension, mais cet humanisme est inhibé dès qu'il y a antagonisme avec d'autres sociétés. L'individualisme occidental favorise plus l'égocentrisme, l'intérêt personnel, l'auto-justification que la compréhension d'autrui, d'où les ravages de l'incompréhension dans les familles, les groupes, les lieux de travail, et bien sûr chez ceux qui devraient enseigner la compréhension : les éducateurs. En même temps les refermetures communautaires, dans toutes civilisations, excitent les incompréhensions de peuple à peuple, de nation à nation, de religion à religion. D'où l'extension et l'exaspération des incompréhensions dans l'extension et l'exaspération des conflits qui coïncident avec les processus d'émergence de la société-monde et sans cesse s'efforcent de ruiner cette émergence.

Nul nouveau Bouddha, nul nouveau Christ, nul nouveau Prophète n'est advenu pour exhorter à la réforme des esprits, à la réforme des personnes qui pourrait seule permettre la compréhension humaine. Il faudrait pourtant, à la faveur de la civilisation mondialisée, que surviennent de grands progrès de l'esprit humain, non tant dans ses capacités techniques et mathématiques, non seulement dans la connaissance des complexités, mais dans son intériorité psychique. Il est clair à nos yeux qu'une réforme de la civilisation occidentale et de toutes les civilisations est nécessaire, qu'une réforme radicale de tous les systèmes d'éducation est nécessaire, et il est non moins clair que règne l'inconscience totale et profonde de la nécessité de cette réforme.

Le besoin de cette réforme intérieure des esprits et des personnes, devenue si nécessaire à la politique, est évidemment invisible aux politiques. Aussi paradoxalement, le schéma d'une politique de l'humanité et d'une politique de civilisation que nous avons dessiné, bien qu'il corresponde à des possibilités matérielles et techniques, est une possibilité réelle actuellement impossible. C'est pourquoi l'humanité demeurera longtemps en douleur d'enfantement, ou d'avortement, quelle que soit la voie qui s'imposera.

Ainsi, même dans l'hypothèse d'une confédération planétaire le problème principal demeure : si les ambitions, les soifs de lucre, les incompréhensions, bref les aspects les plus pervers, barbares et vicieux de l'être humain ne peuvent être inhibés, au moins régulés, s'il n'advient pas non seulement une réforme de la pensée, mais aussi une réforme de l'être humain lui-même, la société-monde subira tout ce qui a jusqu'à présent ensanglanté et rendu cruelle l'histoire de l'humanité, des empires, des nations. Comment adviendrait une telle réforme, qui suppose une réforme radicale des systèmes d'éducation, qui suppose un grand courant de compréhension et de compassion dans le monde, un nouvel évangile, de nouvelles mentalités ?

Les deux voies d'une réforme de l'humanité sont arrivées à une même impasse. La voie intérieure, celle des esprits et des âmes, celle des éthiques, des charités et des compassions n'a jamais pu réduire radicalement la barbarie humaine. La voie extérieure, celle du changement des institutions et des structures sociales, a abouti à l'ultime et terrible échec où l'éradication de la classe dominante et exploiteuse a suscité la formation d'une nouvelle classe dominante et exploiteuse pire que la précédente. Certes, les deux voies ont besoin l'une de l'autre. Il faudrait les combiner. Comment ?

Nous ne sommes même pas au nouveau commencement, nous sommes à un stade préliminaire où un double déchaînement incontrôlé peut balayer toutes possibilités d'un nouveau commencement. C'est le déchaînement du quadrimoteur science-technique-industrie-profit, associé au déchaînement des barbaries que suscite et ressuscite le chaos planétaire.

La pire menace et la plus grande promesse arrivent en même temps sur le siècle. D'un côté le progrès scientifique-technique offre des possibilités d'émancipation jusqu'alors inconnues par rapport aux contraintes matérielles, aux machines, aux bureaucraties, par rapport aux contraintes biologiques de la maladie et de la mort. D'un autre côté, la mort collective par armes nucléaires, chimiques, biologiques, par dégradation écologique porte son ombre sur l'humanité : l'âge d'or et l'âge d'horreur se présentent en même temps à notre avenir. Peut-être se mélangeront-ils en la continuation, à un niveau sociologique nouveau, de l'âge de fer planétaire et de la préhistoire de l'esprit humain...

L'espoir ?

Le dépassement de la situation nécessiterait une métamorphose tout à fait inconcevable. Toutefois cette constatation désespérante comporte un principe d'espérance ; on sait que les grandes mutations sont invisibles et logiquement impossibles avant qu'elles n'apparaissent ; on sait aussi qu'elles apparaissent quand les moyens dont dispose un système sont devenus incapables de résoudre ses problèmes. Ainsi, pour un éventuel observateur extraterrestre, l'apparition de la vie, c'est-à-dire d'une nouvelle organisation plus complexe de la matière physico-chimique et dotée de qualités nouvelles, aurait été d'autant moins concevable qu'elle se serait produite dans les tourbillons, les tempêtes, les orages, les éruptions, les tremblements de terre.

Aussi la métamorphose n'est pas impossible, elle est improbable. Ici apparaît un second principe d'espérance : souvent l'improbable advient dans l'histoire humaine. La défaite nazie était improbable en 1940-1941 au temps où le

Troisième Reich dominait l'Europe et avait victorieusement envahi l'Union soviétique.

Enfin il y a un principe d'espérance dans ce que Marx appelait *l'homme génétique* : rappelons que les cellules souches, capables de régénérer l'humanité, sont présentes, partout, en tout être humain et en toutes sociétés et qu'il s'agit de savoir comment les stimuler.

Il est donc possible de maintenir l'espérance dans la désespérance.

Ajoutons à cela l'appel à la volonté face à la grandeur du défi. Bien que presque personne n'en ait encore conscience, jamais il n'y eut une cause aussi grande, aussi noble, aussi nécessaire que la cause de l'humanité pour à la fois, et inséparablement, survivre, vivre et s'humaniser.

Émergence de la société-monde (Revue du MAUSS, *n° 2, 2002).*

LA CULTURE ET LA GLOBALISATION AU XXIe SIÈCLE

Le XXIe siècle verra se poursuivre des processus culturels concurrents antagonistes et parfois complémentaires qui se sont manifestés à la fin du XXe siècle. À savoir :

1 – L'élargissement planétaire de la sphère des arts, de la littérature, de la philosophie...

2 – L'homogénéisation, standardisation, dégradation, pertes des diversités, mais aussi dialogique (relation antagoniste et complémentaire) entre production et création...

3 – Le déploiement d'un folklore planétaire...

4 – Le déploiement de grandes vagues transnationales, rencontres, métissages, nouvelles synthèses, nouvelles diversités...

5 – Le retour aux sources, régénération des singularités.

L'extension d'Internet comme système neurocérébral artificiel de caractère planétaire, le développement des multimédias tout cela va accentuer et amplifier les tendances en cours, et accentuer les antagonismes entre d'une part une organisation concentrée, bureaucratique, capitaliste de la production culturelle, et d'autre part les nécessités internes d'originalité, singularité, créativité du produit culturel, c'est-à-dire la nécessité pour la production de faire la part à son antagoniste la création. De même, il y aura développement concurrent et interférent entre d'une part les processus de standardisation culturelle et les processus d'individualisation culturelle, non seulement au niveau des œuvres, mais aussi de leur usage.

1 – L'élargissement planétaire

Les grandes sphères culturelles étaient fermées les unes aux autres et, pour les Européens, la culture « universelle » était la culture de l'univers des œuvres européennes, tant en littérature (Cervantès, Shakespeare, Molière, Balzac, Dickens, etc.) qu'en poésie et musique. Au cours du XXe siècle, une sphère vraiment universelle se constitue. Les traductions se multiplient. Les romans japonais, latino-américains, africains sont publiés dans les grandes langues européennes, et les romans européens sont publiés en Asie et dans les Amériques. Les musiques occidentales trouvent des interprètes dans tous les continents, et l'Europe s'ouvre aux musiques d'Orient arabe, d'Inde, de Chine, du Japon, d'Amérique latine, d'Afrique. Certes, cette nouvelle culture mondiale est encore cantonnée à des sphères restreintes dans chaque nation ; mais son développement, qui est un trait marquant de la seconde partie du XXe siècle, va se poursuivre au XXIe siècle. Alors que les modes de penser occidentaux avaient envahi le monde, les modes de pensée d'autres cultures résistent et se diffusent désormais en Occident. Déjà l'Occident avait traduit l'*Avesta* et les *Upanisads* au XVIIIe siècle, Confucius et Lao Tseu au XIXe, mais les messages d'Asie demeuraient seulement objets d'études érudites. C'est seulement au XXe siècle que les philosophies et mystiques de l'Islam, les textes sacrés de l'Inde, la pensée du Tao, celle du bouddhisme deviennent des sources vives pour l'âme occidentale entraînée/enchaînée dans le monde de l'activisme, du productivisme, de l'efficacité, du divertissement, et qui aspire à la paix intérieure et à l'harmonie avec soi-même. Surgit alors une demande occidentale d'Orient vers laquelle ont accouru les formes vulgarisées et commercialisées du yoga, les messages du bouddhisme.

2 – La standardisation culturelle et ses limites

L'avènement du cinéma, de la grande presse puis de la radio et de la télévision au XXe siècle a entraîné le développement de l'industrialisation et de la commercialisation de la culture avec : la division spécialisée du travail, la standardisation du produit, sa chronométrisation, la recherche de la rentabilité et du profit. Mais l'industrie culturelle ne peut pas éliminer l'originalité, l'individualité, ce qu'on appelle le talent. Non seulement elle ne peut pas l'éliminer, mais elle en a un besoin fondamental. Même si un film est conçu en fonction de quelques recettes standard (intrigue amoureuse, *happy end*), il doit avoir sa personnalité, son originalité, son unicité. Autrement dit, il n'en est pas pour la production d'un feuilleton télévisé, d'un film comme pour celle d'une automobile ou d'une machine à laver. Et c'est un symbole, qu'Hollywood ait fait appel à William Faulkner, qui peut être considéré comme un écrivain extrêmement créateur, livré à sa propre passion, sa propre fièvre, ses propres fantasmes, obsessions. Bien entendu le génie de Faulkner est rarement passé dans les films d'Hollywood, mais une partie souvent s'y est exprimée. Ainsi, dans tout ce qui relève de l'industrie culturelle, il y a un conflit permanent et en même temps une complémentarité permanente entre l'individuel, l'original, la création et le produit standardisé, disons pour simplifier : entre Création et Production. Il est évident que certaines œuvres sont stéréotypées, standardisées, plates, mais que d'autres ont quelque chose qui transforme le stéréotype en archétype, comme les grands archétypes mythologiques. Un genre comme le western, qui a produit des navets comme des chefs-d'œuvre, a sa force dans le caractère mythologique et archétypique de la conquête de l'Ouest, vécue non seulement comme une épopée singulière, mais aussi comme le moment de la fondation de la loi – alors qu'il n'y a pas de loi – de l'introduction de l'ordre, de l'introduction de la justice là où règne le déchaînement de la violence. Les films de samouraïs nous montrent la lutte épique du chevalier solitaire pour la justice et pour le bien dans un monde sans loi. Ainsi, de grands auteurs comme John Ford ou Kurosawa ont accompli des chefs-d'œuvre. Donc, l'industrie culturelle est animée par une contradiction qui à la fois détruit en elle des germes de créativité et en même temps les suscite. Aujourd'hui la littérature existe par le livre imprimé, qui est un médium de multiplication massive. Toutefois, la littérature conserve encore aujourd'hui le principe artisanal. La production de l'œuvre, même avec un ordinateur, garde un caractère individuel. Toutefois la littérature – avec le développement des grandes maisons d'édition – subit de plus en plus les contraintes de l'industrialisation et de la commercialisation.

Il fut un temps, qui a duré pendant quelques siècles, où on remettait son texte manuscrit à l'éditeur, ce qui supposait bien sûr de nombreuses corrections sur les épreuves. Les manuscrits de Proust comportaient tellement de collages qui se dépliaient sur les côtés, en haut, en bas des pages qu'ils ont été surnommés « paperolles ». À présent il faut remettre une disquette définitive à l'éditeur, qui interdit d'opérer des corrections d'auteur sur les épreuves, à moins que le coût en soit supporté par l'auteur lui-même. Or, une œuvre littéraire mûrit à partir d'objectivations successives qui permettent à l'écrivain de se détacher de cet embryon qui est sorti de ses « entrailles mentales ». En le percevant avec de plus en plus de distance, cela lui permet de lui apporter non seulement des petites touches comme fait un peintre qui s'éloigne de sa toile mais aussi, parfois, des modifications profondes qui sont nécessaires. Pensez que *La Recherche du Temps Perdu* de Proust ne serait pas ce qu'elle est si Proust n'avait pas eu la possibilité de bouleverser totalement la première impression de son œuvre.

À cela s'ajoutent les contraintes de volume. Les éditeurs n'aiment pas les livres trop courts, ils n'aiment pas les livres trop gros, sauf s'ils prévoient d'avance un best-seller ; la grosseur et le volume du livre permettent alors un accroissement du prix donc du profit. Ensuite il y a le processus de présélection chez les éditeurs importants. Un grand éditeur qui édite 15 à 20 volumes par mois, présélectionne ceux qu'il suppose avoir un écho public. L'attachée de presse ne dit pas, bien sûr, aux critiques : « Vous allez recevoir 15 livres qui sont tous des chefs-d'œuvre. » Non, elle va dire : « Je vous prie de lire avec attention tel livre, il vous plaira certainement. » De plus, vous avez noté que je parle des attachées de presse au féminin alors que les critiques sont en majorité de sexe masculin, ce qui favorise des pressions de charme qui n'ont rien à voir évidemment avec le contenu intrinsèque des œuvres. Enfin, effet extrême de cette présélection, le phénomène très connu de la best-sellarisation. Il en est pour le livre comme pour le film, il y a des recettes pour faire un best-seller, il y a un dosage de sang, de viol, d'amour, de violence, de passion, de massacre, de conflit, de jalousie, mais il n'est jamais sûr que la mayonnaise prenne et fasse un best-seller. Fort heureusement, il y a une part d'aléatoire. Cependant, c'est un processus qui, dès qu'il est engagé, est irrésistible, c'est ce qu'on appelle le *feed-back* positif : l'accroissement de la vente entraîne un super-accroissement de la vente, etc. Il se crée des phénomènes épidémiques de contagion ce qui fait que, dans le monde de la littérature en France, des ouvrages sont tirés à 1 000, 1 500, 2 000 exemplaires – seuil de rentabilité, alors que d'autres atteignent et même dépassent les 2 000 000 d'exemplaires. Les magazines pratiquent le *hit-parade* des livres comme pour les chanteurs de rock ou les autres produits de l'industrie culturelle. Les livres sont cotés en fonction de leurs chiffres de vente dans un certain nombre de librairies, qui varient selon les publics ciblés par les magazines. Les meilleures cotes – les livres les mieux vendus – ont tendance à vous enjoindre à l'achat, sinon à la lecture.

Dernière contrainte, la rotation très rapide des livres chez les libraires. Les gros éditeurs mettent des livres en dépôt chez les libraires, que les libraires ne paient pas quand ils les reçoivent et qu'ils ont le loisir de rendre, si les livres ne se sont pas vendus. Si l'éditeur a déjà présélectionné tel livre pensant qu'il aura du succès, il va faire de gros dépôts, il va faire un énorme effort de publicité, un énorme effort auprès des critiques pour que ces livres soient vendus. Mais tous les livres qui échappent à ce système vont tomber dans un gouffre. Des livres de jeunes auteurs, des livres d'auteurs difficiles, des livres qui n'ont pas encore leurs fans, leurs groupies, donc si un tel livre n'est pas signalé, ce livre disparaît au bout de deux mois des librairies. Un tel système, si préjudiciable soit-il à la création, ne l'annule pas, les éditeurs ont autant et plus besoin d'originalité que les producteurs de cinéma. Par ailleurs, la diversité est le plus puissant antidote à la standardisation : la diversité des éditeurs pour les livres, la diversification des chaînes dans la radio et la télévision.

3 – Le déploiement d'un folklore planétaire

Au cours de XXe siècle, les médias ont produit, diffusé et brassé un folklore mondial à partir de thèmes originaux issus de cultures différentes, tantôt ressourcés, tantôt syncrétisés. En matière d'art et de pensée, la mondialisation culturelle n'est pas homogénéisante. Les grandes vagues transnationales peuvent favoriser l'expression des originalités nationales (*cf.* ch. 5, « Émergence de la société monde »). Ainsi, en a-t-il été en Europe pour le Classicisme, les Lumières, le Romantisme, le Réalisme, le Surréalisme ; ainsi en est-il dans le monde avec les vagues littéraires, picturales, musicales, issues à chaque fois d'un foyer singulier.

4 – Rencontres et métissages culturels

N'oublions pas que le métissage a toujours recréé de la diversité, tout en favorisant l'inter-communication. Alexandre le Grand, à chaque ville d'Asie conquise, mariait quelques centaines de jeunes filles indigènes à ses guerriers macédoniens, et les cités qu'il a traversées ou créées furent les matrices des brillantes civilisations hellénistiques, et les sources de l'art métis gréco-bouddhique. La civilisation romaine elle-même fut très tôt métisse, assimilant en elle tout l'héritage grec ; elle sut intégrer en son panthéon un très grand nombre de dieux étrangers et sur son territoire des peuples barbares qui sont devenus romains de droit tout en gardant leur identité ethnique.

La création artistique se nourrit d'influences et de confluences. Ainsi, telle tradition, qui semble aujourd'hui la plus authentiquement originale, comme le flamenco, est, comme le peuple andalou lui-même, le produit d'interpénétrations arabes, juives, espagnoles transmutées dans et par le génie douloureux du peuple gitan. Nous pouvons entendre et voir dans le flamenco, la fécondité et les périls du double impératif, préserver – l'origine –, et s'ouvrir – à l'étranger. Du côté de la préservation, il y eut d'abord, grâce notamment à l'*aficion* de quelques amateurs français, l'étude et le retour aux sources du *cante jondo* qui s'était considérablement dégradé ; ainsi, de vieux enregistrements ont été ressuscités dans des r*ecopilaciones*, des interprètes oubliés et déchus sont redevenus des maîtres, formant dans le respect de la tradition de nouvelles générations d'interprètes désormais fortement ressourcés. Du côté de l'ouverture, il y eut d'abord dégénérescence dans une bouillie d'espagnolades vaguement sévillanes, puis une intégration des sources dans les musiques d'Albéniz et de De Falla, puis enfin, des métissages intéressants et récents avec des sonorités et rythmes venus d'ailleurs, comme ceux du jazz (Paco de Lucia jouant avec John Mac Laughlin) ou du rock (dans le meilleur des Gipsy Kings). Le jazz fut d'abord un hybride afro-américain, produit singulier de la Nouvelle-Orléans, qui se répandit aux États-Unis en connaissant de multiples mutations, sans que les nouveaux styles fassent disparaître les styles précédents ; et il devint une musique nègre/blanche, écoutée, dansée puis jouée par des Blancs, et, sous toutes ses formes il se répandit dans le monde, tandis que le vieux style *New Orleans*, apparemment délaissé à sa source, renaissait dans les caves de Saint-Germain-des-Prés, à Paris, revenait aux USA et se réinstallait à la Nouvelle-Orléans. Puis, après la rencontre du *rythm and blues*, c'est dans la sphère blanche que le rock apparaît aux États-Unis, pour se répandre dans le monde entier, puis s'acclimater dans toutes les langues, prenant à chaque fois une identité nationale. Aujourd'hui, à Pékin, Canton, Tokyo, Paris, Moscou, on danse, on fête, on communie rock, et la jeunesse de tous les pays va planer au même rythme sur la même planète. La diffusion mondiale du rock a d'ailleurs suscité un peu partout de nouvelles originalités métisses comme le raï et enfin concocté dans le *rock-fusion*, une sorte de bouillon rythmique où viennent s'entre-épouser les cultures musicales du monde entier. Ainsi, pour le pire parfois, mais aussi souvent pour le meilleur, et cela sans se perdre, les cultures musicales du monde entier s'entre-fécondent sans pourtant encore savoir qu'elles font des enfants planétaires.

Quand à l'homogénéisation elle vient de la « macdonalisation » généralisée, mais elle ne vient pas des rencontres et du métissage. Tout métissage crée de la diversité ; regardez les belles eurasiennes et les belles brésiliennes. Aussi, il faut laisser aller les hommes et les cultures vers le métissage généralisé et diversifié, lui-même diversifiant en retour.

Les interdits porteurs de malédiction, qui, dans l'ère de la diaspora humaine, constituaient les défenses immunologiques des cultures archaïques et des religions dogmatiques, sont devenus obstacles à la communication, à la compréhension et à la création dans l'ère planétaire. Dans un premier temps, les « mêleurs » de style sont considérés comme des confusionnistes ; les métis d'ethnies et de religion, sont rejetés comme bâtards et hérétiques par leurs communautés d'origine. Ils sont les victimes et martyrs d'un processus pionnier de compréhension.

5 – Les ressourcements

En même temps que tous les processus indiqués et en réaction contre les périls de perte d'identité, de perte d'authenticité, partout s'opère un retour aux sources, et cela est particulièrement notable en musique. Comme nous l'avons dit, c'est au moment où il allait disparaître que le flamenco a été ressuscité par de jeunes générations suivant l'exemple des vieux *cantaores*, et le marché international du disque et du spectacle a favorisé cette résurrection, multipliant les amateurs de flamenco dans le monde. Ainsi, le flamenco est un exemple à la fois de retour aux sources et de métissages, deux processus apparemment antagonistes et en fait complémentaires. Partout les jeunes générations, aussi bien en Europe (pays celtes, basque) qu'en Afrique et en Asie, s'emploient à sauvegarder musiques, instruments et chants traditionnels.

Ainsi, les cultures singulières résistent et se défendent. Mais précisons ici qu'une culture riche est une culture qui à la fois sauvegarde et intègre. C'est une culture à la fois ouverte et fermée contrairement à l'idée que chaque culture comporte en elle-même une plénitude. Maruyama remarque justement que chaque culture a quelque chose de *disfonctionnel* (défaut de fonctionnalité) de *misfonctionnel* (fonctionnant dans un mauvais sens) de *sous-fonctionnel* (effectuant une performance au niveau le plus bas) et de *toxifonctionnel* (créant du dommage dans son fonctionnement). Les cultures sont imparfaites en elles-mêmes, comme nous sommes nous-mêmes imparfaits. Toutes les cultures, comme la nôtre, constituent un mélange de superstitions, fictions, fixations, savoirs accumulés et non critiqués, erreurs grossières, vérités profondes ; mais ce mélange n'étant pas discernable de prime abord, il faut être attentif à ne pas classer comme superstition des savoirs millénaires – comme par exemple, les modes de préparation du maïs au Mexique, qui ont été longtemps attribués par les anthropologues à des croyances magiques jusqu'à ce qu'on découvre qu'ils permettaient à l'organisme d'assimiler la lysine, substance nourrissante de ce qui fut longtemps leur seule nourriture. D'où ce paradoxe, qui sera celui du XXIe siècle : il faut à la fois préserver et ouvrir les cultures. Cela n'a, du reste, rien de novateur : à la source de toutes les cultures, y compris celles qui semblent les plus singulières, il y a rencontre, association, syncrétisme, métissage. Toutes les cultures ont une possibilité d'assimiler en elles ce qui leur est d'abord étranger, du moins jusqu'à un certain seuil, variable selon leur vitalité, et au-delà duquel c'est elles qui se font assimiler et/ou désintégrer.

Ainsi, selon un double impératif complexe, dont nous ne pouvons annuler la contradiction interne – mais cette contradiction peut-elle être dépassée et n'est-elle pas nécessaire à la vie même des cultures ? nous devons en même temps défendre les singularités culturelles et promouvoir les hybridations et métissages : il nous faut lier la sauvegarde des identités et la propagation d'une universalité métisse ou cosmopolite, qui tend à détruire ces identités. Comment intégrer sans désintégrer ? Le problème se pose dramatiquement pour les cultures archaïques comme celle des Inuits. Il faudrait savoir les faire profiter des avantages de notre civilisation – santé, techniques, confort, etc. –, mais savoir les aider à conserver les secrets de leur médecine propre, de leur chamanisme, leurs savoir-faire de chasseurs, leurs connaissances de la nature, etc. Il faudrait des passeurs, comme l'est Jean Malaurie, qui ne seraient en rien des missionnaires religieux ou laïques venus leur faire honte de leurs croyances et de leurs usages.

Conclusion

Il est évident que le développement de la mondialisation culturelle est inséparable du développement mondial des réseaux médiatiques, de la diffusion mondiale des modes de reproduction (cassettes, disques compacts, vidéos) et qu'Internet et les multimédias accéléreront et amplifieront tous les processus, divers, concurrents et antagonistes (c'est-à-dire complexes) que nous avons évoqués. Nous ne croyons pas que le livre disparaîtra, de même que le cinéma, il y aura probablement même un retour à l'un et à l'autre, le premier dans l'intimité de la méditation, de la solitude, de la relecture, le second dans la communion au sein des salles obscures. Nous croyons aussi qu'en dépit de leurs avancées foudroyantes, les processus de standardisation et les impératifs de profit seront

contrebalancés par les processus de diversification et les besoins d'individualisation. *Il s'agirait d'aller vers une société universelle fondée sur le génie de la diversité et non sur le manque de génie de l'homogénéité, ce qui nous amène à un double impératif, qui porte en lui sa contradiction, mais qui ne peut se féconder que dans la contradiction :*
– partout préserver, étendre, cultiver, développer l'unité planétaire – partout préserver, étendre, cultiver, développer la diversité. L'humanité est à la fois une et multiple. Sa richesse est dans la diversité des cultures, mais nous pouvons et devons communiquer les uns les autres dans la même identité terrienne. C'est en devenant vraiment citoyens du monde, partageant une même culture aux cent fleurs, que nous deviendrons vigilants et respectueux des héritages culturels.

La culture et la globalisation au XXIe *siècle* (Académie de la Latinité, *Textes de référence, 2002).*

SOCIÉTÉ-MONDE CONTRE TERREUR-MONDE

Tout d'abord une question de vocabulaire.

Terrorisme. La notion de terrorisme est valable pour l'internationale djihadiste Al-Qaïda qui agit par attentats et meurtres de masse sur des populations civiles, mais elle est fort réductrice quand elle s'applique aux formes violentes de résistances nationales privées de moyens démocratiques pour s'exprimer. Ainsi le terme utilisé pour les nazis pour les résistants européens fut-il réducteur, comme appliqué par Poutine à la résistance tchétchène, qui comporte évidemment une branche terroriste, mais ne peut s'y ramener. La violence d'État qui frappe un peuple en même temps que ceux qui lui résistent est elle-même une violence de Terreur.

Al-Qaïda constitue un stade nouveau du terrorisme. La mondialisation techno-économique a permis la mondialisation terroriste, se transformant dans et par cette mondialisation en menace mondiale.

Islamiste. Le terme islamiste est riche de malentendus. Désignant en principe tout croyant en l'Islam, il est devenu, pour bien des Occidentaux, synonyme de fanatique. Trop proche d'islamique (notion qui désigne ce qui relève de l'Islam), il risque de se contaminer en fanatisme et terrorisme. De fait l'islamisme, quand il comporte le retour au Coran et l'application de la charia, comporte un rejet de la civilisation occidentale, y compris le libéralisme politique et la démocratie. Mais il n'implique pas de lui-même guerre sainte et terrorisme, bien qu'on puisse glisser de l'islamisme au djihadisme. Une contamination analogue affecte le terme de fondamentaliste (qui n'est pas en lui-même agressif). Quant à l'internationale djihadiste d'Al-Qaïda, il s'agit d'une déviance religieuse hallucinée à laquelle on ne saurait réduire l'Islam. Mais le mot islamiste, tel qu'il est usuellement employé dans les médias occidentaux, réduit tout islamique à un islamiste et tout islamiste à un terroriste potentiel, ce qui empêche de percevoir le visage complexe de l'Islam.

Toute erreur de pensée conduit à des erreurs d'action qui peuvent aggraver les périls que l'on veut combattre. Il faut penser dans leur complexité non seulement l'Islam mais aussi les États-Unis, Israël, la mondialisation elle-même, en reconnaissant les contradictions incluses dans chacun des termes.

Le double visage des États-Unis

Les États-Unis sont la plus ancienne démocratie du globe, ils constituent une société ouverte et par ce trait vulnérable désormais. Ils ont sauvé l'Europe occidentale du nazisme, ils l'ont protégé de l'URSS qui était loin d'être un tigre en papier. Ils ont secouru des peuples islamiques en Bosnie et au Kosovo. Les États-Unis ne sont pas responsables de la guerre meurtrière Irak-Iran, de la terreur en Algérie, de tous les conflits interarabes. Leur culture ne se réduit pas au Mac Do ni au Coca-Cola, mais elle s'est montrée créatrice dans la science, la littérature, le film, le jazz, le rock, et l'Amérique s'européise autant que l'Europe s'américanise.

Mais ils constituent une puissance impériale dominatrice par l'armement et par l'économie. Leur démocratie ne les empêche nullement de soutenir des dictatures quand leur intérêt commande. Leur humanisme comporte une tache aveugle d'inhumanité : ils ont pratiqué des bombardements de terreur sur les villes allemandes, puis les hécatombes de Hiroshima et Nagasaki. Les bombardements continus de l'Afghanistan révèlent un autre terrorisme frappant des populations civiles victimes, non seulement de bombes ou missiles lancés de trop haut et de trop loin, mais de la peur et de la famine qui les contraignent à l'exode. Sensibles à la souffrance des 6 000 victimes du *World Trade Center*, ils sont insensibles aux désastres humains que leurs bombardements infligent aux populations afghanes. Ils sont inconscients de la contradiction que comporte la terreur de leurs bombardements anti-terroristes.

Les deux tours orgueilleuses étaient à la fois hyper réelles et hyper symboliques ; elles étaient l'incarnation et le symbole de la richesse, de la puissance américaine, de son capitalisme et de sa démocratie, de sa domination et de son ouverture ; (la statue de la Liberté était devenue une allégorie ancillaire). Leur écroulement a creusé un trou noir incommensurable en notre vision non seulement de Manhattan mais aussi du monde. Pour certains c'est une blessure infligée à l'impérialisme américain et au capitalisme, pour d'autres qui s'en angoissent c'est une brèche ouverte dans la démocratie et la civilisation ; ces deux vérités antagonistes sont complémentaires.

La mondialisation de l'américanisme et de l'antiaméricanisme

Certes les États-Unis suscitent dans le monde misérable des aspirations, dont celles à y émigrer, ainsi que d'innombrables désirs d'entrer dans leur civilisation ; ils inspirent respect et obéissance à leurs vassaux, et le sentiment de solidarité occidentale demeure puissant en Europe. Mais en même temps la contemplation de leur richesse et prospérité, du sein du manque et du dénuement, suscite une immense frustration. Leur domination provoque d'innombrables humiliations, un complexe d'infériorité technique (monde Sud), un complexe de supériorité culturelle (Europe) qui l'un et l'autre éveillent l'animosité. Le mal-développement dont ont souffert tant de nations est attribué au sur-développememt économique des États-Unis. L'extrême dénuement alimentaire, médical auquel sont réduites d'immenses populations désarmées devant épidémies et Sida nourrit les ressentiments à l'égard des populations hyper-nourries, hyper-soignées de l'Occident et surtout des États-Unis. Là où il y eut d'antiques et glorieuses civilisations qui se sentent aujourd'hui amoindries ou menacées, le monde américain suscite allergies, inimitiés, agressivités.

Les conséquences néfastes de la libéralisation du marché mondial, l'accroissement des inégalités, les crises économiques multiples aggravent les animosités.

Dans les esprits où a régné ou règne encore la vulgate marxiste-léniniste, le modèle du socialisme « réel » s'est certes effondré (sans qu'ils en aient jamais mesuré la pourriture), mais la conviction que le capitalisme et l'impérialisme américains sont le mal absolu demeure. Ils ont gardé la satanisation de l'Amérique, foyer du capitalisme et de l'impérialisme, ignorant que le communisme soviétique fit pire que le capitalisme, ignorant les vertus de la démocratie et les vices du totalitarisme, ignorant que l'impérialisme américain est moins atroce que les impérialismes passés, notamment soviétique. Ainsi, l'ensemble des ressentiments issus des parties les plus diverses de la planète suscite une haine fantastique et parfois fantasmatique des États-Unis coupables de tous les maux de la planète. Maîtres du monde (ce qu'ils ne sont que partiellement), on les rend responsables des maux du monde (ce qu'ils ne sont qu'encore plus partiellement).

Les États-Unis sont ainsi considérés comme le mal suprême et actuel du mal occidental, de cet Occident qui s'est déchaîné sur la planète à partir du XVIe siècle, l'a conquise, colonisée, exploitée, et a génocidé des populations entières.

Toutefois ici encore il est nécessaire de maintenir ensemble deux vérités opposées. S'il est vrai que la domination de l'Occident fut la pire de l'histoire humaine dans sa durée et son extension planétaire, il faut dire aussi que tous les constituants de l'émancipation des asservis sont nés et se sont développés au sein de l'Occident, et ont permis l'émancipation des colonisés quand ceux-ci se sont emparés des valeurs humanistes ouest-européennes : droits de l'homme, droit des peuples, droit à la nation, démocratie, droit des femmes. On peut même dire que le retard d'une grande partie du monde à intégrer la démocratie, les droits humains, le droit des femmes est une des causes de l'état périlleux du monde actuel.

Islam

L'Islam ne saurait être lui non plus réduit à une vision unilatérale. L'histoire du passé nous a enseigné clairement que la tolérance religieuse fut du côté de l'Islam à l'égard des chrétiens et des juifs tant en Andalousie que dans l'Empire ottoman. L'Islam fit naître la plus grande civilisation du monde au temps du califat de Bagdad. Or la nostalgie du passé glorieux, au sein d'un présent infortuné, sous le poids de dictatures corrompues policières ou militaires, après l'échec du développementalisme, du socialisme, du communisme, l'absence d'espoir dans le progrès et dans un futur occidentalisé, tout cela suscite un retour aux racines religieuses de l'identité. De plus, la formidable frustration s'intensifie en humiliation et rage devant la quotidienne humiliation et répression endurée par les Palestiniens, l'injustice subie (deux poids deux mesures en Israël Palestine), tout cela dans l'impuissance des États arabes vassalisés ou non. Le soutien inconditionnel accordé par les États-Unis à Israël conduit à considérer Israël comme l'instrument de l'Amérique et à faire de l'Amérique l'instrument d'Israël, et plus largement des Juifs. Cette identification aggravée par le sharonisme est fatale à l'Amérique comme à Israël. Et dans la situation actuelle, la frustration, le ressentiment, la nostalgie d'une grande civilisation passée, ressuscitent le rêve de la *Oumma*, grande communauté islamique transnationale, et font d'un milliard de musulmans un vivier mondial où peuvent se recruter les djihadistes.

Pour toute une jeunesse, du Maghreb au Pakistan, Ben Ladden est un Superman de la Foi qui a décapité les tours d'une Babel qui était en même temps Sodome et Gomorrhe ; c'est un annonciateur de la rédemption de l'Islam, de la résurrection de l'*Oumma*, du retour du califat. Un nouveau messianisme est né, dont on ne peut encore mesurer le développement.

Toutefois, en sens inverse, il y a de multiples aspirations vers le meilleur de la civilisation occidentale contemporaine : les autonomies individuelles, les libertés politiques, le droit à la critique, l'émancipation de la femme. La vraie bataille se livre dans les esprits d'un grand nombre d'islamiques, dont beaucoup veulent à la fois sauvegarder leur identité, le respect à leurs traditions et l'accession à des possibilités et droits dont jouissent les Occidentaux. La victoire sera à ceux qui sauront faire la synthèse entre l'identité culturelle et la citoyenneté planétaire.

Israël

Nation refuge, émancipatrice de Juifs mais spoliatrice de Palestiniens, menacée d'extermination à sa naissance par ses voisins arabes mais devenue militairement plus puissante qu'eux, toujours incertaine de sa survie mais opprimant le peuple palestinien de plus en plus cruellement, Israël tend à lier son existence à une domination qui exacerbe la haine arabe ; il hésite à s'engager dans la voie aléatoire qui lui permettrait une insertion au Moyen-Orient en reconnaissant un État palestinien dans les frontières de 1967. Au cours de l'ultime *Intifada* notamment, les héritiers des Juifs qui ont subi 2 000 ans d'humiliations et de persécutions sont devenus persécuteurs capables de ghettoïser les Palestiniens, d'exercer la responsabilité collective sur familles et civils, bref à faire des Palestiniens des humiliés et offensés comme le furent leurs ancêtres.

La question israélo-palestinienne est devenue le cancer non seulement du Moyen-Orient, mais des relations Islam-Occident, et ses métastases se répandent très rapidement sur la planète. L'intervention internationale pour garantir la naissance, l'existence et la viabilité d'un État palestinien est devenue d'une urgence vitale pour la planète. Elle sauvegarderait en même temps le futur d'Israël en stoppant une politique suicidaire à long terme et en donnant à cette nation les garanties de sécurité nécessaire.

Mondialisation : émergence d'un embryon de société-monde

Au cours de la dernière décennie, une société-monde a à demi émergé ; elle a sa texture de communications, déjà partout multi-ramifiée ; elle a son économie de fait mondialisée, mais où manquent les contrôles d'une société organisée ; elle a sa criminalité (maffias, notamment de la drogue et de la prostitution) ; elle a désormais son terrorisme.

Mais elle ne dispose pas d'organisation, de droit, d'instance de pouvoir et de régulation pour l'économie, la politique, la police, la biosphère. Il n'y a pas encore la conscience commune d'une citoyenneté planétaire.

La mondialisation du terrorisme constitue un stade de réalisation de la société-monde, car Al-Qaïda n'a ni centre étatique ni territoire national, il ignore les frontières transgresse les États, et se ramifie sur le globe ; sa puissance financière et sa force armée sont transnationales. Elle dispose mieux que d'un État, d'un centre occulte mobile et nomade. Son organisation utilise tous les réseaux déjà présents de la société-monde. Sa mondialité est parfaite. Sa guerre religieuse est une guerre civile au sein de la société-monde.

Cette machine de terreur sans frontières, ramifiée dans le monde entier, nourrie d'immenses frustrations et désespoirs, animée par une foi hallucinée, a soudain révélé un pouvoir dévastateur où la violence meurtrière d'une barbarie fanatique a pu utiliser les avancées les plus raffinées de la barbarie technique.

La lutte contre Al-Qaïda ne relève pas d'une guerre (toujours entre nations) mais d'une police et d'une politique. Or en bombardant l'Afganistan, on transforme une métaphore de guerre en réalité de guerre (Max Pagès), cela au détriment d'une action adaptée à la lutte contre un ennemi planétairement ramifié, laquelle nécessite une action planétaire commune autrement plus complexe.

L'aggravation

Livrée à elle-même, la dynamique issue du 11 Septembre multiplie et aggrave les risques.

Le risque économique ; l'interdépendance propre au marché mondialisé détermine une fragilité, aggravée par l'absence de vrai système de régulation ; une crise généralisée, devenue envisageable, serait le bouillon de culture de nouvelles dictatures, voire de totalitarismes, comme le fit la crise de 1929. Plus largement l'interdépendance de tout ce qui constitue l'ère planétaire fragilise le destin même de la planète.

Le risque historique : la menace permanente et multiforme sur les États-Unis, le déchaînement de l'antiaméricanisme, l'interventionnisme militaire américain ne peuvent que favoriser des surexcitations hystériques qui exacerbent les manichéisations et satanisations réciproques.

Le cancer israélo-palestinen s'aggrave ; ses métastases seront irrémédiables s'il n'y a pas une solution rapide au conflit. L'onde anti-israélienne, devenue à la fois antisémite et antiaméricaine, ressuscite les visions médiévales européennes des juifs buveurs de sang d'enfant, pollueurs des esprits et des corps (répandant le

Sida), œuvrant perfidement à dominer le monde.

La conduite de Sharon est non seulement mauvaise, elle conduit Israël au suicide à terme, même si ce suicide s'accompagne du feu d'artifice des deux cents têtes nucléaires israéliennes qui détruiraient une grande partie de l'humanité arabe. L'incapacité des États-Unis, des nations européennes, des Nations Unies à imposer une intervention militaire internationale entre les combattants, séparant les deux territoires selon les frontières de 1967, conduirait à une catastrophe historique d'une ampleur inouïe.

Sous l'effet de l'onde de choc benladdeniste, on peut envisager la décomposition en chaîne des régimes islamiques en place, au profit non de la démocratie, mais du fanatisme religieux.

Enfin le risque nucléaire, bactériologique, chimique qui planait de façon stratosphérique au-dessus de la planète est devenu visible, pressent, urgent.

Le XXe siècle a vu se nouer l'alliance entre deux barbaries, l'une, de destructions et massacres venus du fond des âges historiques, l'autre intérieure à notre civilisation, venue du règne anonyme et glacé de la technique, d'une pensée qui ignore tout ce qui ne relève pas du calcul et du profit. Le benladdenisme constitue une nouvelle alliance entre les deux barbaries.

Cela dit, il ne faut pas nous cacher qu'il y a une barbarie incluse dans notre civilisation, que celle-ci produit des forces de décompositions et de mort, et qu'à notre hyper-développement scientifique et technique correspond un sous-développement mental et moral. Toutefois cette civilisation dispose encore de deux vertus irremplaçables : laïcité et démocratie, même si cette dernière est atrophiée.

Dans le risque la chance

Les États-Unis et plus largement l'Occident oscillent entre deux voies celle de la folie, à terme catastrophique et celle de la sagesse, difficile et aléatoire.

La voie de la folie est celle de la croisade, de la diabolisation, du manichéisme aveugle (car il y a du mal dans le bien mais aussi du bien dans le mal) et, développant l'hystérie de guerre, elle est la voie des massacres de masse de part et d'autre.

Par contre la conscience des périls peut être un coup de fouet pour aller dans la voie de la Sagesse.

La voie de la Sagesse comporte la prise de conscience capitale de l'intersolidarité humaine et de la communauté de destin planétaire. Plus que le « nous sommes tous américains », le « nous sommes tous enfants et citoyens de la Terre », et, en même temps, des États-Unis devrait s'élever un « nous ne sommes pas qu'américains ».

Elle comporte la conscience que non seulement, comme le rappelait Paul Valéry, après la Première Guerre mondiale, les civilisations sont mortelles, mais aussi *que l'humanité planétaire est mortelle.*

Elle comporte la conscience qu'aujourd'hui la seule alternative à la haine est la démocratie.

Elle comporte la reconnaissance de ce principe éthique minimum : on n'aura jamais un monde noble par des moyens ignobles.

Elle comporte la conscience que l'édification d'une société-monde est devenue vitale ; *seule une société-monde peut répondre à une terreur-monde.* D'où la nécessité de dépasser l'idéologie économistique qui donne au marché mondial la mission de réguler la société-monde, alors que c'est la société-monde qui doit réguler le marché mondial.

Le nouveau type de guerre nécessite un nouveau type de paix. Il comporte la nécessité de déclarer la paix à l'Islam en déclarant la guerre au terrorisme, afin de séparer radicalement les fanatiques hallucinés de l'ensemble des islamiques. Ce qui nécessite le plus rapidement possible l'établissement d'une paix équitable au Moyen-Orient.

Une politique confédérale planétaire doit se substituer à une politique impériale. Outre la Chine, l'Inde, l'Europe, l'Amérique latine, il importe que se constituent de grands ensembles confédéraux qui deviendraient les grandes provinces de la Planète notamment un grand ensemble arabo-islamique renouant en termes contemporains avec le califat.

Une politique de la civilisation est la seule riposte à la guerre des civilisations. Concrètement un plan Marshall pour les zones de pires misères de la société-monde (entre autres une mobilisation massive de la jeunesse des pays aisés pour venir en aide sur place aux pays déshérités ; une agence mondiale des médicaments et des soins médicaux pour les populations incapables d'en assurer les frais. *Cf.* ch. 5, « Émergence de la société-monde »).

Enfin le nouveau type de guerre nécessite un centre mondial de lutte contre-terroriste adéquatement ramifiée.

La politique américaine a commencé en zigzag entre folie et sagesse, entre guerre impériale et guerre confédérale, entre régression de conscience et prise de conscience. Après ce zigzag entre les deux voies, l'intervention massive et continue en Afghanistan va vers la mauvaise, mais la seconde demeure possible.

En conclusion, le temps de répondre au défi de la complexité planétaire est arrivé : il faut reconnaître les ambivalences et contradictions présentes dans tous les champs et tous les camps, il faut reconnaître les relations et rétroactions entre le tout et les parties.

Nous sommes sommés de mener en chacun de nous un grand combat spirituel. L'esprit humain porte en lui les pires des maux, ceux de l'incompréhension, de l'aveuglement, de l'illusion, de la folie. Mais il porte aussi la possibilité de rationalité, de lucidité, de compréhension, de compassion.

Dans l'état barbare actuel du monde, il n'est pas de solution actuelle qui serait vraiment vertueuse.

Il faut à la fois éviter le pire et aller dans la bonne direction : vers la société-monde et la Terre-Patrie.

Peut-être faudra-t-il avancer encore plus vers l'abîme pour qu'il y ait un véritable sursaut de salut, pour que la société-monde s'actualise en société des nations et des cultures unies contre la mort. À condition de n'y point sombrer, la catastrophe devient l'ultime chance.

*Société-monde contre terreur-monde (*Le Monde*, 22 novembre 2001).*

RÉALISME ET UTOPIE

Le problème du réel est que nous croyons bien le connaître alors qu'il est en fait très mal connu. Le passé, notre passé, qui nous paraît absolument évident, ne l'est pas. Si nous nous penchons sur ce XXe siècle qui est en somme notre passé, nous pouvons nous rendre compte que non seulement le communisme mais aussi le nazisme – ses phénomènes majeurs – ont été très peu pensés. La version soviétique, dite « communiste », du marxisme a été une utopie au sens littéral du terme : quelque chose qui ne se trouve nulle part. Le mot « communisme » servait à masquer une réalité radicalement opposée à son idéologie. Une réalité tellement difficile à analyser, à comprendre, à connaître, que François Furet, auteur qui avait été communiste à l'époque de fer, a pu écrire sur les passions révolutionnaires dans *Le Passé d'une illusion*[1], par exemple, sans reconnaître la nature religieuse de ce communisme qui se voulait un culte de salut terrestre, une formidable source d'espoir. Comme toutes les grandes religions, le communisme a créé ses

1. Robert Laffont/Calmann-Lévy, 1995.

martyrs, ses héros, ses bourreaux et ses persécuteurs. Ce n'est pas une religion banale, mais un formidable mouvement messianique qui a ravagé et transformé son siècle.

Pour ce qui concerne l'Union soviétique, il faut dire que cette utopie de socialisme de caserne s'est fondée sur une doctrine qui se prenait pour la seule conception réaliste de l'Histoire. Ce qu'il y a de terrible, c'est l'utopie qui se croit fondée sur la nécessité historique, sur des lois de l'Histoire et sur une prédiction absolument scientifique. En revanche, ce qui est inoffensif, c'est l'utopie qui se sait utopie, qui se sait tout à fait en dehors du réel.

La critique de l'utopie est nécessaire, mais non moins nécessaire est la critique du réalisme. Où est la réalité aujourd'hui, où est le réalisme ? Le présent, lui, a un visage énigmatique et incertain. Et l'on peut s'en rendre compte même en Occident. Tout ce qui peut sembler solide, tout ce qui peut sembler fonctionner peut se déglinguer. Le présent est encore inconnaissable. Nous ne savons pas ce qui va se passer. Nous vivons dans une sorte de zone cyclonique de basse pression. On a l'impression que l'orage va éclater, et puis non, il n'éclate pas, il semble s'éloigner. Et puis, il ne s'est pas vraiment éloigné. Dans le présent, il y a de l'incertitude. Pour ce qui concerne le postcommunisme, ce qui arrive était inattendu.

Il ressort de l'analyse de l'historien russe Youri Afanassiev qu'une fois ce gigantesque appareil fragmenté en mille morceaux, chacun des morceaux devient un petit entrepreneur capitaliste. Ce qu'il y a d'extraordinaire, c'est que ces mêmes apparatchiks au centre d'un système qui contrôlait tout sont ceux qui se sont métamorphosés en entrepreneurs dynamiques de l'économie marchande ou en nationalistes intransigeants des poussées néonationalistes. Et que penser du reflux démocratique ? Que va-t-il se passer en Russie ? Afanassiev nous montre que, pour essayer d'interroger le futur, le passé doit être réinterrogé. Quelle sera la voie russe vers ce qu'on n'ose plus appeler modernité – car ce concept fait eau de toute part.

La fin du futur et le retour des mythes du passé

La réalité du présent est marquée par la chute invisible – invisible parce qu'elle a mis du temps à se réaliser – d'une énorme météorite.

Comme ce fut le cas pour la grosse météorite tombée à la fin de l'ère secondaire, celle à laquelle on attribue l'extinction des dinosaures, cette chute a recouvert de nuées toute la terre, et pendant longtemps. Cette nouvelle météorite, ce n'est pas les dinosaures qu'elle aura assassinés. C'est notre futur. C'est ce progrès garanti, ce progrès « nickel », ce *mieux* ininterrompu qui nous guidait et nous donnait l'espérance. C'est l'idée du progrès déterministe, mécanique, fatal, nécessaire, merveilleux, radieux qui a été anéantie.

Dans ces conditions-là, l'on comprend très bien qu'il y ait ce retour tumultueux du passé ou des passés. Bien entendu, moins violent là où le présent est un présent vivable – avec toutes ses ambiguïtés – et beaucoup plus violent là où le présent est malheureux, angoissé. Là où même l'identité se sent, à raison – et parfois à tort –, menacée. Il y a ces retours du passé sous mille formes d'utopies régressives, pour reprendre un terme de Sami Naïr.

L'invention de l'État-nation a été productrice des temps modernes et produite par eux. L'État-nation comporte en lui l'idée d'une substance maternelle et paternelle qui nous enveloppe, la mère patrie ; c'est-à-dire l'idée de communauté profonde, de nature fraternisante. D'où l'appel universel à la nation au XXe siècle pour émanciper les victimes des empires coloniaux. Les premières grandes nations, la France, l'Espagne, et l'Angleterre se sont formées sous l'effet de rencontres et d'intégrations – historiquement lentes – d'ethnies les plus diverses. Or nous assistons aujourd'hui à des volontés mono-ethniques de se constituer en nations.

Dans ce processus, il faut souligner l'importance que prennent les deux maux que peut développer l'État-nation : la purification et la sacralisation de la frontière. Car l'idée de purification, malheureusement, est inhérente à la formation de la nation espagnole, avec le rejet des musulmans et des juifs. La purification a sévi en Angleterre avec l'expulsion des catholiques, en France avec la révocation de l'édit de Nantes.

Aujourd'hui en Europe ce ne sont pas les patries que nous voulons dépasser, ce ne sont pas les nations, ce ne sont pas non plus les États, dont il faut limiter les pouvoirs : ce qu'il faut dépasser, c'est la purification, c'est la sacralisation. C'est pourquoi Schengen a été symboliquement très fort, comme l'est aussi le passeport européen. Et c'est pour cette raison que la monnaie unique, si elle a un quelconque intérêt économique, peut avoir aussi une justification symbolique.

Ideal-Politik et Real-Politik

Pour diagnostiquer le réel d'aujourd'hui, il nous faut rejeter *le réalisme trivial* qui dit qu'il faut s'adapter à l'immédiat, à l'ordre établi, au fait accompli, admettre la victoire du victorieux. Au-delà du *réalisme trivial* qu'y a-t-il ? Il faut reconnaître que le réel grouille de possibilités, qu'on ne sait ce qui va en sortir, ni comment choisir ses propres finalités et son propre parti. Dans la réalité humaine cohabitent l'imaginaire, le mythologique et, bien sûr, l'affectif, ce que la compartimentation des sciences sociales et humaines ne prend pas suffisamment en compte. L'économie, quant à elle, est une science trop belle. Pourquoi ? Parce que son objet est en chiffres, en quantités. Vous n'avez qu'à mathématiser pour faire quelque chose de parfait. Mais dans cette perfection, qu'est-ce qui est évacué : la chair, le sang, les passions, les souffrances, les bonheurs, les cultures. C'est le problème de la réalité aujourd'hui, où le politique s'est mis totalement à la remorque de l'économique et oublie la chair et le sang de la vie.

Pour retrouver la « vraie réalité », il est nécessaire de connaître les risques d'erreur et d'illusion que comporte toute connaissance. C'est une banalité, mais il faut la répéter sans cesse : toute connaissance est une traduction et une reconstruction. C'est pourquoi il n'y a pas de connaissance qui soit un reflet photographique de la réalité. Bien entendu, la connaissance sous forme d'idées et de théories est une traduction et une reconstruction raffinée, mais qui peut subir d'énormes illusions et erreurs. C'est ce qui s'est passé au cours de toute l'histoire humaine.

Marx et Engels disaient que l'histoire de l'humanité était celle des erreurs et des illusions des humains sur eux-mêmes et sur ce qu'ils faisaient. Cela dit, ils ont eux aussi fait des erreurs, ils se sont illusionnés. L'illusion, c'est de dire « j'appelle réel ce que je crois tel » ; c'est de dire « j'appelle réalisme ce qui découle de ma conception de la réalité ». La réalité, même la plus objective, a toujours une face mentale et subjective. Ce qu'il faut, pour connaître la réalité, c'est la nécessité d'un sujet capable de penser de façon autonome et critique et, par-là même, capable de mettre en question les vérités qui semblent des dogmes évidents dans le système d'idées où ils se trouvent. J'ajoute que le discrédit de toute morale autonome, de toute responsabilité autonome est le trait commun à tous les nationalismes de guerre, à tous les totalitarismes, au stalinisme et au nazisme.

La subjectivité n'est pas ennemie de la considération objective des réalités. Il est nécessaire d'être un sujet/acteur critique. Le Polonais Adam Michnik fait allusion à ce qui a été une révolte éthique au sein du système stalinien. Cette révolte, je l'ai connue, je l'ai vécue, à ma façon, et aussi avec mes amis polonais de 1956. Qu'est-ce qui s'est passé à ce moment-là ? Ceux qui ont vu clair dans le système ne sont pas ceux qui ont fait des calculs économiques pour dire que ce que Marx disait sur le processus de décomposition du capitalisme n'était peut-être pas tout à fait exact et que le capitalisme ne se décomposait pas immédiatement. Ce n'était pas non plus ceux qui faisaient des examens théorico-rationnalisateurs. Ceux qui ont vu clair, ce sont ceux qui disaient : « On n'en peut plus de tant de mensonges et de tant d'ignominies ! » Souvent, la révolte éthique aboutit à une conscience plus lucide que l'acceptation du fait accompli.

La lucidité que donne la révolte éthique est devenue capitale pour comprendre la réalité elle-même. C'est ce qu'exprimait les messages des dissidents soviétiques, depuis Soljenitsyne. Là était la lucidité, là était la compréhension. Souvent, il faut être un déviant minoritaire pour être dans le réel. Bien qu'il n'y ait apparemment aucune perspective, aucune possibilité, aucun salut, la réalité n'est pas figée à jamais, elle a son mystère et son incertitude. L'important est de ne pas accepter le fait accompli.

Il y a un conflit entre l'*Ideal-Politik* et la *Real-Politik* ; la politique qui veut répondre à des idéaux et la politique réaliste. Il y a contradiction.

Il y a des cas, effectivement, où il faut subordonner l'une à l'autre. Le plus souvent, on subordonne la politique idéale à la politique réelle. Mais il faut comprendre que l'inverse est possible.

La relation entre l'idéal et le réel est *dialogique*, c'est-à-dire la complémentarité entre deux points de vue contraires, qu'il faut, tenir ensemble, en donnant la priorité tantôt à l'un, tantôt à l'autre. Rappelons le fameux principe de réalité qu'on oppose, à juste titre, au principe de désir, encore que le désir fasse partie de la réalité. Mais la réalité n'est pas aussi consistante et aussi certaine qu'on pouvait encore le penser à l'époque de Freud. C'est pourquoi je pense qu'il faut mettre l'incertitude au sein de la réalité pour avoir un bon principe de réalité.

Intégrer l'incertitude à la réalité ne signifie pas que tout est incertain. Nous sommes amenés à naviguer dans un océan d'incertitude à travers des îlots et des archipels de certitude. Il y a de nombreuses certitudes locales, partielles, fragmentaires, qui nous aident à naviguer. Mais, cela étant dit, il ne faut jamais oublier l'incertitude.

Nous avons le problème d'un réel complexe, multiple, incertain, en travail. Ce n'est pas seulement un travail souterrain, pour reprendre l'image de la « vieille taupe »[2] hégélienne. Le réel avance « en crabe », c'est-à-dire par des déviances absolument bizarres, anormales, folles. Ces déviances constituent des tendances, lesquelles transformeront la réalité. Le réel est incertain sur le possible et l'impossible, oui, il

2. « Souvent il semble que l'esprit s'oublie, se perde ; mais à l'intérieur il est toujours en opposition avec lui-même. Il est progrès intérieur – comme Hamlet dit de l'esprit de son père : "Bien travaillé, vieille taupe !" – jusqu'à ce qu'il trouve en lui-même assez de force pour soulever la croûte terrestre qui le sépare du soleil [...]. Alors l'édifice sans âme, vermoulu, s'écroule et l'esprit se montre sous la forme d'une nouvelle jeunesse. », Hegel, fin de l'introduction au *Cours sur l'histoire de la philosophie*.

faut le dire. Nous avons des possibilités matérielles et techniques de résoudre un très grand nombre de problèmes humains, comme la faim dans le monde. C'est pourtant impossible en fonction des bureaucraties, des corruptions, des normes économiques, des rapports entre États. C'est un monde où le possible est impossible, où l'impossible devient soudain possible.

Mais, quand il y a saturation de contradictions et de conflits, quand un système ne peut pas résoudre de lui-même ses problèmes, soit il s'écroule, soit apparaît un système nouveau ; un métasystème qui possède un certain nombre de principes et de règles permettant de traiter ses problèmes. Toujours l'apparition créatrice d'un métasystème semble inconcevable. Elle est de fait improbable. Mais l'improbable est advenu plusieurs fois dans l'histoire humaine.

Pour une pensée complexe

Qu'est-ce qu'on appelle complexe ? On appelle complexe une chose embrouillée, incompréhensible, incertaine ; tellement incertaine qu'on est incapable d'en donner une définition. Certains pensent très naïvement que la pensée complexe se répand et se fortifie parce qu'on entend dire de plus en plus : « Ah, vous savez, ça, c'est très complexe... ». Mais quand on dit : « C'est très complexe », on veut dire : « Je suis incapable de vous répondre. » Or la pensée complexe est celle qui essaie de répondre au défi de la complexité et non pas celle qui constate l'incapacité de répondre. Elle enregistre deux choses à quoi il faut répondre.

La première, c'est l'incertain. C'est-à-dire une pensée amenée à se battre pour copuler avec le réel. Comment se battre et copuler à la fois ? Là aussi, c'est complexe ; comme l'a montré Delacroix dans le très beau tableau de l'église Saint-Sulpice, *La Lutte de Jacob avec l'ange*. Regardant le tableau, vous vous dites : « Copulent-ils ? Se battent-ils ? » C'est exactement ça, la lutte contre l'incertitude et le combat utilisant l'incertitude sont inséparables.

Comme l'idée d'un ordre déterministe du monde et de l'Histoire s'est complètement effondrée, vous êtes obligé d'affronter l'incertitude d'une part et, de l'autre, comme le mode de pensée réducteur et compartimenteur montre de plus en plus ses limites et ses aveuglements, vous devez aborder le complexe dans le sens littéral du mot *complexus* – ce qui est tissé ensemble. Blaise Pascal, au XVIIe siècle, écrivait ce qui devrait être une évidence : « Toutes choses les plus éloignées étant liées insensiblement les unes aux autres, toutes choses étant aidées et aidantes, causées et causantes » – ce qui introduit déjà le sens de la *rétroaction.* Pascal poursuit : « Je tiens pour impossible de connaître les parties si je ne connais pas le tout, comme de connaître le tout si je ne connais pas particulièrement les parties[3]. » Pascal comprenait donc que la connaissance était une navette du tout aux parties et des parties au tout : c'est le lien, c'est-à-dire la capacité de contextualiser, de situer une connaissance et une information dans son contexte pour qu'elles prennent sens. Pourquoi pouvons-nous de plus en plus difficilement user de nos aptitudes cognitives qui fonctionnent toujours en contextualisant et en globalisant ? Parce que nous subissons de plus en plus la marque de la pensée disjonctive, de la pensée réductive et de la pensée linéaire, alors qu'en notre ère planétaire les problèmes sont de plus en plus liés les uns aux autres. Nous avons retenu non pas ce que disait Pascal mais ce que disait Descartes, c'est-à-dire qu'il faut séparer

---

3. Pascal, *Pensées*, 72, éd. Brunschvicg.

pour connaître. Il faut séparer la science et la philosophie, il faut séparer les disciplines, il faut séparer les objets, il faut séparer les éléments... Oui, mais à condition que ce qui est séparé puisse se relier à nouveau. Or, aujourd'hui, il s'agit d'une séparation avec une compartimentation hermétique. C'est la pensée fragmentaire qui domine, qui re-isole des fragments à l'intérieur du monde et qui va découper le monde longitudinalement, en tranches économiques, techniques, etc. Cette pensée techno-scientifique qui ignore les êtres, les gens, les cultures est évidemment incapable de comprendre les problèmes de ces ethnies socio-centriques ; de même que les ethnies socio-centriques sont incapables de connaître les problèmes liés à la technique. C'est ce type de pensée qui a envahi la politique. Tout cela, aujourd'hui, nous met dans une situation très grave.

De ce point de vue, l'impératif est de *relier*. La pensée complexe s'efforce de relier. Sur le plan même de l'action et de la politique, mon diagnostic est que nous sommes en face d'un combat entre les forces d'association et les forces de dislocation. Solidarité ou barbarie. Nous allons *crever* du manque de solidarité. Nous allons crever également du manque d'une réforme de pensée.

En quoi est-ce un problème de pensée ? En ce que les alternatives classiques bloquent la pensée. Réalisme et utopie sont deux antinomies qui s'excluent l'une l'autre selon le mode de pensée reçu. Vous êtes réalistes ? Pas d'utopie. Vous êtes utopistes ? Pas de réalisme. Il en va de même pour l'un et le multiple. Les uns ne peuvent qu'homogénéiser et unifier abstraitement ; les autres voient bien, en effet, la diversité, mais ils la voient compartimentée. Le problème est l'incapacité d'échapper à ces alternatives mutilantes, l'incapacité de penser la complexité. C'est le grand défi auquel nous sommes confrontés.

Pour une anthropolitique

Solidarité ou barbarie est une alternative qui prend son sens non seulement dans l'immédiat, dans le concret, dans le vécu, dans le local, mais aussi dans l'européen et le planétaire. Ce thème nous fait contribuer, partout où il existe, aux forces d'association et de solidarité, avec l'espoir qu'elles seront plus fortes que les forces de rupture, de dislocation et d'occultation. Cela nous pousse dans un mouvement qui, s'il n'est pas brisé, ne nous conduit peut-être plus non vers le meilleur des mondes, mais vers l'espérance d'un monde meilleur. S'il faut perdre l'illusion messianique d'un avenir radieux, nous pouvons toujours nourrir l'espérance d'un monde meilleur, même en sachant qu'elle ne sera jamais assurée.

Pour moi, la *patrie terrestre* apparaît dans la conscience que nous sommes issus d'un même tronc et d'une même matrice – la terre – à travers l'évolution biologique. C'est la conscience que nous avons la même identité et que, à travers nos diversités culturelles et depuis l'ère planétaire, tous les êtres humains ont une communauté de destin pour tous les problèmes de vie et de mort.

Otto Bauer, à la fin du XIXe siècle, définissait la patrie comme une communauté de destin, mais avec l'idée d'une identité commune à travers la culture, et d'une origine commune, mythologique, avec l'ancêtre mythique commun. Or dans ma patrie terrestre, l'ancêtre n'est pas mythique, c'est un petit bipède. Il est là, il est notre petit père. Et notre communauté de destin n'est pas mythique, elle est concrète.

Cette idée de patrie terrestre est à la fois très réaliste, puisqu'elle se fonde sur une identité anthropologique, et très rationnelle, étant donnés les défis de vie et de mort qui se posent à nous. Elle est peut-être religieuse – au sens où elle devrait relier fraternellement les êtres humains.

Enfants de l'ère planétaire, nous devons affronter des problèmes gigantesques. Le socialisme croyait que les maux de l'humanité se concrétisaient en un seul monstre, le capitalisme : vous supprimez le capitalisme et vous supprimez tous les maux de l'humanité. On a vu que ça ne supprimait pas les guerres, que ça ne supprimait pas l'exploitation. On se rend compte qu'il y a plusieurs monstres. Ce ne sont pas des mini-monstres, ils sont de plus en plus gros : le monstre technobureaucratique, le monstre du déferlement incontrôlé de la technoscience... Tout cela retentit sur la vie quotidienne, crée des maux profonds et transforme nos situations de bien-être en situation de mal-être.

Ajoutons qu'après le collapsus du marxisme, la pensée de gauche se retrouve incapable de repenser le problème anthroposocial et d'envisager une politique positive et historique. Quand, au siècle dernier, le socialisme a été formulé, il s'est inscrit dans une perspective historique. Aujourd'hui, la perspective historique est à nouveau nécessaire.

J'ai peur qu'en l'absence de grand dessein, et s'il survenait une crise brutale et violente, on n'ait à subir des conséquences catastrophiques. S'il y a une très grande crise, nous ne sommes pas à l'abri de terribles régressions. Lors de la grande crise de 1929, qui a frappé l'Allemagne, dans des conditions non seulement plus fortes qu'ailleurs mais, en plus, dans un contexte d'humiliation nationale très grand, il y a eu la montée tout à fait légale du nazisme. Bien entendu, à la même époque, il y a eu le *New Deal* de Roosevelt, une solution démocratique. Parce que les États-Unis sont un pays d'immigrés, le *New Deal* a fonctionné.

Nous sommes conduits à être vigilants. Nous avons eu, récemment encore, de grandes espérances. Mais, ces grandes espérances, c'était quoi ? C'était la démocratisation généralisée, c'était la sortie d'une économie de contrainte et de pauvreté, c'était l'Organisation des Nations Unies qui allait peut-être fonctionner. De même que le « printemps des peuples » de 1848, le printemps de 1989 a été très bref. Il fut suivi de grandes répressions. Nous ne pouvons plus recommencer à nourrir des espérances démesurées, des espérances folles comme nous en avons eu à la Libération. Nous sortions du nazisme et nos grandes espérances ont rapidement été déçues. Mais alors, devons-nous être toujours désenchantés, désespérés ? Non. Je crois qu'il faut vivre pleinement les extases de l'Histoire ; elles nous consolent de tant d'années de médiocrité. Personnellement, j'ai connu des extases de l'Histoire. J'ai connu la Libération de Paris. Mai 68 a été une petite extase de l'Histoire dont j'ai joui. J'étais par chance à Lisbonne au moment de la révolution des œillets. La chute du mur de Berlin, malheureusement, je l'ai vécue par procuration, je n'étais pas sur place, mais je fus content de voir Rostropovitch jouer devant le mur.

La vie n'est supportable que si l'on y introduit non pas de l'utopie mais de la poésie, c'est-à-dire de l'intensité, de la fête, de la joie, de la communion, du bonheur et de l'amour. Il y a l'extase historique, qui est une extase amoureuse collective. Alberoni, dans *Le Choc amoureux*[4] – la traduction exacte du titre serait *L'Enamourement* –, ce moment merveilleux, extatique, où l'on devient amoureux, écrivait :

4. Francesco Alberoni, *Le Choc amoureux, recherches sur l'état naissant de l'amour*, Ramsay, 1981.

« Les révolutions naissantes sont des moments d'énamourement. » Ce n'est pas « la lutte finale », c'est « la lutte initiale ». Je dirais presque : « Où en sommes-nous ? », ce sont les préliminaires même à la lutte initiale. Pourquoi ? Parce qu'il faut une formidable reconstruction intellectuelle, il faut, je crois, une réforme de pensée, il faut se montrer apte à affronter le défi de l'incertain, et il y a deux façons de l'affronter. La première, c'est le pari : nous savons clairement ce que nous voulons, ce que nous souhaitons, nous parions dessus même si nous craignons que nos idées soient vaincues. La deuxième, c'est la stratégie : autrement dit, la capacité, en fonction des informations reçues et des hasards, de modifier notre conduite.

La résistance n'est pas purement négative. Elle ne consiste pas seulement à s'opposer à des forces oppressantes, elle prépare les libérations. C'est l'exemple polonais, c'est l'exemple soviétique, c'est l'exemple de la France occupée. La résistance a une vertu en soi. Nous sommes condamnés à résister. Ce que j'appelle « le vivre », c'est non seulement vivre de façon poétique, c'est aussi savoir résister dans sa vie. Écoutons Héraclite : « Si tu ne cherches pas l'inespéré, tu ne le trouveras pas. » Nous revenons à cette idée de l'impossible possible, qu'il faudrait approfondir.

Depuis longtemps nous disons que la terre devrait être le jardin commun de l'humanité. Or ce qu'il y a de très beau, dans le jardin, c'est la coopération entre la nature et la culture. Le jardin, c'est là où les deux coopèrent au lieu de s'entre-détruire. S'y développe le co-pilotage de la nature et de la culture. C'est à l'échelle de la biosphère que les forces conscientes humaines et les forces inconscientes de la nature devraient coopérer.

Civiliser la terre, en faire un jardin, c'est une tâche gigantesque. Nous n'en sommes qu'aux préliminaires. Nous n'avons même pas encore la conscience de cette patrie terrestre. Candide se retirait du monde en disant : « Je vais cultiver mon jardin. » Aujourd'hui, avec le nouveau Candide, il faut dire en retournant au monde : « Essayons de cultiver notre jardin ».

*Réalisme et utopie (*Diogène, *n° 209, 2005).*

L'ORIGINE EST DEVANT NOUS

Partons de la phrase paradoxale de Heidegger : « Notre origine n'est pas derrière nous, elle est devant nous ». Nous pouvons peut-être sortir de ce paradoxe en disant que nous sommes probablement à l'approche d'un nouveau commencement... Et nous savons que dans l'histoire de la vie et dans l'histoire de l'humanité, il y a eu plusieurs commencements. L'homme n'est pas né en une fois *homo sapiens*. Auparavant *homo erectus* inventa probablement le langage, et connaissait déjà l'outillage. Encore avant, *homo habilis* savait tailler les pierres. On peut donc estimer qu'à chaque nouvelle étape, il y a une fin qui est en même temps un commencement.

Nous pouvons aussi dire : « Nous sommes peut-être à la fin de ce que l'on a appelé l'Histoire. » Qu'est-ce que cela signifie ? L'Histoire n'est pas inhérente à l'humanité. L'humanité a vécu, a évolué durant plusieurs millénaires sans Histoire. Qu'est-ce que l'Histoire ? Elle commence à partir de la formation des cités, des États, des empires. C'est le développement des villes, des civilisations, mais aussi des guerres, des conflits... Dans le fond, l'histoire de l'Histoire, c'est aussi l'histoire des guerres ! Gaston

Bouthoul, inventeur de la « polémologie », montra que la guerre est inhérente à l'histoire de l'humanité. Auparavant, il y avait des petites guerres rituelles. Mais ce furent ces guerres terribles et destructrices qui marquèrent l'Histoire et firent que la plupart des civilisations et des empires se sont effondrés.

Nous sommes peut-être à la fin de l'Histoire, mais pas au sens où l'entendait Fukuyama[1]. Francis Fukuyama disait : « Nous sommes à la fin de l'Histoire parce que nous avons déjà accompli toutes les grandes possibilités humaines et sociales : la démocratie parlementaire et l'économie libérale. »

Nous sommes plutôt à la fin de l'Histoire au sens supposé par Raimundo Panikkar, penseur indien et catalan, pour qui nous devons reconsidérer les six ou huit mille années d'histoire humaine pour nous demander si c'est là le destin de l'humanité. Ne peut-il y avoir quelque chose au-delà de l'Histoire ? Mais s'il y a quelque chose au-delà de l'Histoire, s'il peut y avoir un nouveau commencement, alors ce nouveau commencement signifie : re-commencement !

1. Francis Fukuyama, *La Fin de l'histoire et le dernier homme*, coll. Champs, Flammarion, 1993.

Autre commencement ! Ce qui suppose que des potentialités de régénération et de créations pourront se réveiller et se manifester, potentialités endormies ou inhibées dans notre univers.

Nos origines sont devant nous. La parole de Heidegger prend ici tout son sens : pour qu'il y ait un nouveau commencement, une nouvelle évolution, il faut que les forces de génération et de régénération incluses dans la nature même de l'être humain, pris comme individu et comme être social, se réveillent et se déploient. C'est à ce moment que l'on peut invoquer cette idée d'homme générique dont parle Marx dans le manuscrit politico-économique de sa jeunesse. Marx, à l'époque, ne connaissait pas la génétique, il ne parlait pas de gènes ; il évoquait les pouvoirs générateurs, c'est-à-dire créateurs.

Nous pouvons nommer les potentialités génériques de l'être humain d'après le terme grec *archê*. Ce mot ne veut pas seulement dire « ancien », « archaïque » ; il signifie aussi « fondateur », « originel » et « source ». Autrement dit, pour qu'il y ait un autre commencement dans l'humanité, il faut revenir à la source, ou plutôt il faut que la source se réveille.

Pour emprunter une métaphore à la biologie humaine, je dirais que nous avons récemment détecté dans l'organisme humain adulte – en différentes parties du corps, la moelle épinière et le cerveau – des cellules souches. Ces cellules ont dans l'embryon des capacités multiples. Elles sont totipotentes, elles peuvent donner naissance indifféremment à tous les types cellulaires, aussi bien capables de créer une cellule de foie, de rate, que de cervelle ou de peau. Ces cellules aux capacités illimitées travaillent pour nous transformer d'embryons en êtres humains. Puis, à la naissance, il nous semblait qu'elles disparaissaient. Or, ce n'est pas le cas, elles sont toujours là ! Elles sont inhibées, endormies. Aujourd'hui, des expériences se font sur des rats et des souris, elles réactivent des cellules souches et ont permis de régénérer des cœurs, des organes lésés. Nous n'avons pas perdu l'espoir de réveiller en l'être adulte ces cellules souches qui permettront de le rénover, de le régénérer.

J'utilise cette métaphore car je crois que, dans l'individu aussi bien que dans les sociétés, des potentialités créatrices existent. Mais elles sont inhibées depuis que ces êtres se sont spécialisés, normalisés, ritualisés, bureaucratisés, rigidifiés. Du reste, dans ces sociétés, les êtres créateurs sont considérés comme des déviants. Ce sont les artistes, les inventeurs, les musiciens, les poètes, les savants qui font d'authentiques découvertes. Leurs capacités sont actualisées, mais elles sont endormies ailleurs. Antoine de Saint-Exupéry, dans *Terre des hommes*, observe – dans un train ramenant de la frontière espagnole vers le nord de la France des réfugiés de la guerre d'Espagne – des enfants endormis. Il savait que pour survivre, ces enfants seraient employés aux travaux les plus pénibles, les plus durs, les plus ingrats, dans les mines, et il se faisait cette réflexion : « Chez ces enfants, tant de petits Mozart assassinés... »

Pour que ces potentialités créatrices s'éveillent à nouveau, il faut des conditions de crise. Cependant, ces conditions de chance sont extrêmement dangereuses. Une crise, en général, produit le développement des déviances, c'est-à-dire de tout ce qui perturbe les régulations, la stabilité d'un système et par là tend à sa destruction. Dans les systèmes strictement physiques, le développement des *feedbacks* positifs, c'est-à-dire l'amplification et l'accroissement des déviances, entraîne la destruction du système. Mais dans l'histoire de la vie, dans l'histoire de l'humanité, le *feed-back* positif peut aussi provoquer une transformation qui peut être progressive... Quoi qu'il en soit, les crises réveillent, en même temps que les potentialités désastreuses ou régressives, des possibilités créatrices et imaginatives. Or, nous sommes au cœur d'une crise planétaire.

Cette crise ne se manifeste pas seulement par des phénomènes de dislocation, curieusement associés au phénomène de l'unification techno-logico-économique, puisque ce sont des processus de résistance à cette unification, résistance sur des bases ethniques ou religieuses. C'est une crise où tout se disloque alors que tout s'unifie, et dans laquelle l'unification comporte des dangers d'homogénéisation et d'abstraction. Se manifeste aussi l'amplification des phénomènes négatifs comme le développement des manichéismes et cette tendance vers ce qu'a prédit Samuel Huntington[2] – et qui, je l'espère, ne se réalisera pas – à savoir une guerre généralisée des cultures et des religions. En outre, se fait sentir un mouvement d'accélération et d'amplification du processus entraînant le vaisseau spatial Terre, propulsé par quatre moteurs incontrôlés par les êtres humains : la science, la technique, l'économie et le profit.

---

2. Samuel Huntington, *Le Choc des civilisations*, Odile Jacob, 1997.

Nous sommes dans cette situation d'amplification et l'on voit bien venir la catastrophe. Ce qu'on appelle pompeusement le « développement » conduit à la dégradation de la biosphère, laquelle rétroactivement mène à la dégradation des civilisations humaines. On voit bien que la prolifération des armes nucléaires et diverses ne peut pas ne pas aboutir à leur utilisation.

À présent, nous savons que le système-Terre est incapable, pour des raisons économiques, sociales, bureaucratiques et politiques, de traiter ses problèmes vitaux et fondamentaux. Ces problèmes de vie et de mort s'aggravent. Ce sont des dangers que les conflits actuels ne peuvent qu'étendre ainsi que la dissémination des armes mortelles. Ce système-Terre ne sait pas véritablement traiter et réguler les processus économiques, y compris les problèmes pour lesquels nous avons à disposition tous les moyens techniques, comme la possibilité qu'il n'y ait plus de famine sur la planète.

Or, quand un système est incapable de traiter *ses* problèmes vitaux et fondamentaux, soit il se désintègre, soit il trouve en lui la capacité de sécréter une métamorphose. C'est-à-dire de créer un métasystème nouveau et plus riche.

Quelle métamorphose ? On ne comprend pas

bien comment, à partir de la crise actuelle, pourrait se créer une société à l'échelle humaine, une « société-monde ». Cette dernière ne pouvant pas être l'image grossie des États nationaux, on ne peut absolument pas prévoir le visage que prendrait cette métamorphose. Toutefois, nous savons qu'elle est inscrite dans les potentialités mêmes de la vie. Nous voyons des têtards se transformer en grenouilles, des vers tisser une chrysalide pour s'y transformer, s'autodétruisant, s'autoreproduisant en libellules ou en papillons. On peut aussi dire que la vie, capable de créer un système de regroupement de molécules diverses, dotées de propriétés qui n'existaient pas dans la physique et la chimie – comme la reproduction, l'autoréparation, l'auto-organisation et la connaissance –, constitue la métamorphose de l'organisation strictement physico-chimique en auto-organisation biologique. Nous avons oublié que nous étions des têtards dans le ventre maternel, où nous vivions une vie semi-aquatique. Nous nous y sommes métamorphosés pour devenir des êtres humains.

Sur le plan de l'Histoire, songeons qu'il y a huit ou dix mille ans, la Terre était couverte de sociétés archaïques de quelques centaines d'individus sans État, sans agriculture, sans ville, sans religion institutionnelle. Et pourtant, en plusieurs coins du globe, dans des regroupements et à travers des processus où se produisirent des phénomènes de dominations, d'associations, de symbioses encore très mystérieux, au Moyen-Orient, dans le bassin de l'Indus, en Chine, au Mexique, au Pérou, se sont créées des sociétés d'un type nouveau : l'Empire inca, l'Empire aztèque, les empires de l'Antiquité, du Moyen-Orient, l'empire chinois (le plus vieil empire du monde). L'Histoire est le produit de cette métamorphose.

Pourquoi ne pas penser que de la crise actuelle pourrait sortir une métamorphose dont nous ne pouvons pas encore prévoir les formes ni même s'assurer de sa possibilité ou de son improbabilité ? Elle pourrait permettre à l'humanité de s'accomplir en tant qu'humanité. La parole de Heidegger prend un sens nouveau, d'un retour à l'origine qui la dépasse dans une nouvelle origine. La première souche humaine avait une langue et une culture communes. Puis elle s'est multipliée, dispersée, ses langues se sont diversifiées, tout comme ses rites, ses coutumes, ses religions, et elle s'est répandue sur toute la terre. Alors, l'humanité ne s'est plus reconnue. Le voisin devient l'autre, l'étranger qui parle une autre langue, qui a une autre culture, peut-être n'est-il pas humain comme nous ? Aujourd'hui, nous sommes entrés dans une ère où, cette humanité originelle peut ressusciter dans toute l'ampleur d'une population de six milliards d'individus.

Ainsi, il ne faut pas prendre cette parole selon laquelle l'origine est devant nous, comme une prophétie, ou une certitude, mais comme une possibilité qui peut nous donner quelque espérance.

L'origine est devant nous (Cahier LaSer*, n*o *9, Descartes et Cie, 2005).*

VERS L'ABÎME ?

Au moment de reprendre le titre initial de « Vers l'abîme ? » pour un examen final, je tiens à plus encore complexifier mon point de vue.

Complexifier, c'est-à-dire essayer de voir non seulement le jeu multiple et divers des interactions, imbrications, rétroactions, antagonismes planétaires, mais aussi les aspects opposés d'un même phénomène, notamment ce qui dans la mondialisation lie en opposant et oppose en liant.

Ainsi la mondialisation est à la fois une et plurielle. Il y a plusieurs mondialisations dans la mondialisation : la mondialisation technico-économique, la mondialisation des idées démocratiques et humanistes, la mondialisation culturelle, elle-même une et plurielle, comportant des aspects antagonistes, comme je l'ai indiqué dans le chapitre « La culture et la globalisation au XXIe siècle ».

La mondialisation technique/économique elle-même présente un double visage : tout en développant la suprématie dominatrice de l'Occident, elle développe l'émergence de nouvelles puissances asiatiques, Chine et Inde, ou latino-américaines, Brésil, et elle tend à développer en même temps et contradictoirement un monde multipolaire. Tout en aggravant les dépendances, ses processus ont conduit à l'interdépendance de l'espèce humaine et à une communauté de destin *de facto* pour toute l'humanité. Le paradoxe est que cette communauté de destin est acquise surtout à partir de l'extension des menaces planétaires mortelles comme la multiplication des armes de destruction massive et la dégradation ininterrompue de la biosphère. Il y a un lien en nœud gordien entre les processus négatifs et les processus positifs.

Un autre aspect « complexe » que j'avais signalé dès 1990 dans *Terre Patrie*[1], et qui a été depuis reconnu dans son évidence : l'unification techno-économique provoquée par l'Occident entraîne, à l'échelle du globe, une balkanisation sur une base ethno-religieuse-nationale. L'autodestruction de la Yougoslavie sous des poussées nationalistes-religieuses, puis l'implosion de l'URSS et les conflits qu'elle a fait naître (Tchétchénie, Arménie, Azerbaïdjan, Caucase) ont surexcité les tendances aux reflux identitaires.

1. Seuil, 1993 (repris en coll. Points, 1996).

D'où les déchaînements nationalistes, les retours du religieux dans l'idéologie politique comme dans des nouvelles guerres à composante religieuse (Yougoslavie, Arménie/Azerbaïdjan)

La prolifération des États-nations, après les décolonisations africaines et asiatiques, s'est poursuivie. La nation, à l'origine européenne, qui reposait sur un socle pluriethnique pour arriver à une unification économique, sociale et idéologique, se constitue désormais sur une base mono-ethnique ou mono-religieuse. L'accession généralisée à la souveraineté politique absolue s'effectue dans une époque d'interdépendance absolue.

Ainsi la planète est désormais recouverte d'États-nations de tous gabarits. Quoique la plupart des États-nations aient leurs justifications historiques et/ou culturelles, leur souveraineté politique absolue empêche toute constitution d'autorité supranationale légitime et rend impossible une gouvernance planétaire pour les problèmes vitaux/mortels que l'humanité doit affronter. L'État-nation est à la fois nécessaire à la diversité humaine et obstacle à l'unité humaine. Les perspectives confédératrices sont encore inexistantes. L'Europe politique est stoppée et l'on ne sait si elle redémarrera. La victoire de l'économie européenne est le naufrage de l'idée européenne. Les politiques méta-nationales n'arrivent pas à émerger et il y a une absence totale de pensée et de politique planétaires.

Comme je l'ai répété souvent, les processus moteurs de la dynamique planétaire
science → technique → économie → profit
---↑ ---------- ↓ ------------ ↓ --------- ↓
sont ambivalents, ils ont produit à la fois le pire et le meilleur, ils continuent en aggravant le pire à laisser possiblement présager le meilleur.

Ainsi la physique continue à améliorer les armes de destruction nucléaire, mais la fusion nucléaire, qui serait un progrès énergétique capital, est envisageable pour le demi-siècle. Le laser tue et guérit. Les nanotechnologies promettent et font craindre. Les sciences biologiques vont progresser en devenant systémiques, et intégreront la biologie moléculaire dans un complexe d'auto-éco-organisation. La découverte des cellules souches dans des organismes adultes ouvre la voie qui permettra de vieillir jeune et fera reculer la mort (sans pouvoir la supprimer). La manipulation de la vie, en même temps que d'heureuses conséquences thérapeutiques, présente le danger d'une manipulation de l'humain, que pourrait mettre en œuvre un nouveau totalitarisme.

Les progrès techniques présentent également une profonde ambivalence. Ainsi le développement du complexe computation/information/communication, banalement appelé informatique, permet une intercommunication des sensibilités, des aspirations et des connaissances, *via* Internet, en même temps que les fraudes et le banditisme financier. Elle permet le contrôle de chaque vie privée par télé-satellite ce qui, joint à la manipulation biologique, offrirait à un totalitarisme de style nouveau le pouvoir véritable dont ont rêvé les anciens totalitarismes, qui semblent désormais bien naïfs.

L'intelligence des machines se développera en même temps que leurs performances. De même que la technique machiniste a libéré les humains des pires tâches énergétiques, la nouvelle technique machiniste pourra libérer les humains des tâches intellectuelles subalternes ou coûteuses...

De toute façon, l'humanité, associée au développement de ses machines, constituera avec celles-ci, comme l'avait annoncé Arnold Gehlen, un méga-organisme hybride anthropo-biotechnique-électronique-informatique-mécanique... Ce serait l'encore impensable composant d'une société-monde, qui est elle-même encore impensable.

Quant au développement, et à son composant la croissance, leur ambivalence est devenue formidable. Le développement qui est l'autre face de la mondialisation économique est comme celle-ci sans régulation. Le développement est produit et producteur du processus incontrôlé science-technique-économie-profit qui tout en apportant divers bienfaits et méfaits nous conduit vers l'abîme. Le marché est devenu mondial après la décomposition de l'économie étatique/bureaucratique dite socialiste. Là où il y avait l'antagonisme du soi-disant socialisme s'est opéré l'appel frénétique à un capitalisme qui s'est déchaîné sans avoir encore trouvé un nouvel antagoniste régulateur.

On peut se demander si la mondialisation économique a apporté plus de prospérité que de misère ou plus de misère que de prospérité. Les indicateurs purement quantitatifs ne sont guère fiables (revenu par tête calculé en dollar) et ne tiennent pas compte des zones où ont persisté des économies de subsistance avec polyculture et élevage domestique. Une vision euphorique de la mondialisation estime qu'il y eut « diminution spectaculaire de la pauvreté » (P. A. Delhomme) : 985 millions vivant avec moins de 1 $ par jour en 2004 et 1 milliard 25 millions en 1990... Mais il est certain qu'avec de nouveaux îlots de prospérité à l'occidentale, des nouvelles zones de misère se constituent en bidonvilles autour des mégapoles de la planète et l'on pourrait parler aussi de l'augmentation spectaculaire de la misère. Ce à quoi il faudrait ajouter, avec la disparition d'anciens malheurs, l'apparition de nouveaux malheurs humains dus à la désintégration des solidarités traditionnelles, au déferlement de la corruption, et à toutes les formes de criminalités dues au dénuement ou à la drogue. Aux anciennes humiliations succèdent, sans parfois les annuler, de nouvelles humiliations.

L'écologie a surgi sous forme de pollutions et dégradations locales, régionales et en même temps de menace planétaire. Le développement a produit cette dégradation. Les dépenses en énergies fossiles, l'effet de serre, les pollutions, le réchauffement climatique, les mégapoles énormes, l'agriculture productiviste (érosion des sols, abaissement de la qualité de l'air, souillure de l'eau des nappes phréatiques, pollutions par pesticides et engrais, réduction de la diversité biologique, disparition de milliers d'espèces végétales) constituent des processus inséparables.

L'eau, bien commun de plus en plus rare et menacé, devient de plus en plus mercantilisée et gaspillée, elle est source de nouvelles exploitations, de nouveaux conflits, peut-être de futures guerres.

La démographie humaine, par son accroissement apparemment exponentiel, a longtemps semblé à certains le plus grave problème planétaire, parce que génératrice de surpopulations, de famines et de guerres. De fait, il persiste une surnatalité en Asie et en Afrique (10 milliards d'humains prévus en 2050), mais il y a aussi une sous-natalité en Europe et en Russie. Toutefois, les politiques dénatalistes en Chine et en Inde, les ravages du Sida en Afrique, l'accession aux standards de vie occidentaux, dans diverses régions du globe tempèrent les prévisions cataclysmiques. Par ailleurs, les flux migratoires d'Afrique vers l'Europe, d'Asie et d'Amérique latine vers l'Amérique du Nord tendent à constituer des régulations démographiques. Le danger n'est pas d'invasions belliqueuses, mais le problème est celui de l'acceptation par les nations riches d'immigrants qui apportent une main-d'œuvre pour les métiers désertés, en même temps qu'un apport ethnique nouveau. L'exemple de nombreux pays d'Amérique du Sud, et dans un sens de la France, indique que l'intégration des immigrants apporte non seulement une solution démographique à la baisse de natalité, mais aussi des métissages culturels et ethniques qui sont devenus des composantes du développement de l'ère planétaire comme ère des dépassements des ethnies closes. Toutefois, dans les situations où les crises suscitent des nationalismes aigus, où les fermetures culturelles et religieuses se multiplient, les migrations démographiquement régulatrices deviennent politiquement perturbatrices.

L'occidentalisation dominatrice avait mis en crise les civilisations traditionnelles. Celles-ci ont cherché à surmonter leur crise avec des recettes venues de l'Occident : démocratie, socialisme, capitalisme, développement, et les solutions à leur crise sont entrées en crise. D'où le reflux sur les racines ethno-religieuses, mais qui va provoquer de nouvelles crises. À cela se surimprime la crise de la civilisation occidentale. Celle-ci, privilégiant la technique et l'économique, le matériel et le quantitatif, a créé de nouveaux mal-être qui ont conflué en un mal-être au sein du bien-être matériel... À la crise des civilisations s'est surimprimée la crise de la civilisation occidentale. Celle-ci, bien qu'en crise, demeure le modèle du « développement » qui constitue pour les aveugles l'issue à tous les problèmes humains, alors que le développement du développement conduit comme il est dit plus haut vers l'abîme.

La crise de la politique s'est aggravée. Sur les ruines du socialisme, dit *réel*, dans la crise de l'idée de révolution et de l'idée de progrès, dans la sclérose de la social-démocratie, dans la sotte idée de moderniser, alors que la modernité est en crise, dans la cécité du néolibéralisme qui prétend tout résoudre par la concurrence et le marché, dans le « au jour le jour » des politiques réduites à l'adaptation, à l'économie et au culte de la croissance, il n'y a plus d'espoir de futur, plus de volonté de régénération démocratique, plus de recherche d'une économie qui serait plurielle, plus de visée à long terme ni de perspective planétaire.

Les vices de la pensée dominante (formée par un système d'enseignement pratiquant la compartimentation du savoir en disciplines closes, et n'opérant que par disjonction ou réduction) ont conduit à l'incapacité de reconnaître et de concevoir le complexe (les aspects multiples et opposés d'un même phénomène), l'incapacité de traiter le fondamental et le global, c'est-à-dire, de traiter les problèmes vitaux et mortels de chacun et de tous.

Il y a aussi, au fondement de notre vision anthropologique, l'incapacité de concevoir qu'*homo sapiens* soit en même temps *homo demens*, que la rationalité et la démence soient les deux pôles de l'esprit humain, et même que la rationalité close, celle qui domine aujourd'hui, soit inconsciemment au service de la folie humaine. Il y a la réduction des comportements humains à ceux de l'*homo economicus*, animé par le seul intérêt matériel, alors que les humains agissent aussi de façon affective, passionnée, passionnelle et, comme le dit Pierre Hassner, « héroïque ».

D'où la débâcle de la pensée politique. La crise de civilisation lui est invisible, la crise planétaire lui est invisible. Elle est incapable d'énoncer des propositions alternatives à la crise. Elle est incapable de formuler une politique de civilisation et une politique de l'humanité.

Et l'on peut craindre en ce début du XXIe siècle, les dégâts des radicalisations et ceux des pourrissements, du reste inséparables.

Il s'est opéré une nouvelle radicalisation entre l'Occident et l'Islam, par le retour de l'islamisme radicalisé au *Jihad* et le retour occidental à une croisade au drapeau démocratique. Le 11 Septembre a déclenché l'apparition de deux empires du bien antagonistes et de deux empires du mal diabolisés par chaque adversaire. Il n'y a certes pas de symétrie entre la démocratie et la *charia*, mais il y a symétrie entre deux manichéismes se radicalisant et se renforçant l'un l'autre. Dans ce cercle vicieux l'hyper-terrorisme favorise le terrorisme d'État qui favorise l'hyper-terrorisme... Nous ne sommes pas encore arrivés à l'emploi d'une arme nucléaire par Al-Qaïda, mais on s'en approche.

Entre l'Islam et l'Occident il y a une grande différence historique : les trois siècles qui ont introduit en Occident la laïcisation, la pluralité des idées, la libre-pensée, la pensée critique et autocritique. Il y a la grande différence entre deux passés et deux présents, le souvenir de la grandeur passée et les humiliations présentes en Islam, la domination présente de l'Occident. Il y a le poids dans le monde islamique de l'échec de la démocratie, de l'échec socialiste, celui de la subordination et du fait de subir, à chaque confrontation, le traitement inégal du deux poids deux mesures comme cela se vérifie pour Israël et la Palestine.

L'incapacité à arriver à temps à une solution négociée provoque toujours un pourrissement historique. Ainsi l'incapacité du gouvernement socialiste français à arriver à une paix négociée avec l'insurrection algérienne a menacé la France par deux fois d'une dictature militaire qui aurait été aussi cruelle que celle d'un Pinochet, et que seul le génie politique de De Gaulle a pu éviter. Elle a conduit l'Algérie indépendante à un système totalitaire et à la guerre civile pour des décennies. Le conflit israélo-palestinien conduit à la dégradation de la démocratie israélienne, à un renforcement nationaliste-militaire-religieux, et en Palestine, à la montée du mouvement religieux Hamas au détriment du parti national d'Arafat, et aux conflits internes qui sévissent depuis. À ce pourrissement s'ajoute le pourrissement en Irak et en Afghanistan, la possibilité de pourrissement au Pakistan et en Iran, tout cela du reste attisant le cercle vicieux de la lutte du Bien contre le Mal.

Un nouveau risque de guerre s'est amplifié à la fin du mois de septembre 2007. George W. Bush, poussé par les faucons américains qui l'entourent encore, envisage de frapper les industries nucléaires iraniennes. Une action, qui compenserait l'échec irakien, consoliderait Israël en éliminant l'influence de l'Iran sur le Hezbollah libanais et plus largement sur le Moyen-Orient, serait bien vue des monarchies pétrolières et de l'Égypte sunnites, et pourrait même entraîner la chute du régime des ayatollahs. Les va-t-en-guerre y voient une opération tous bénéfices, et sont incapables de voir les dangers qu'ils vont provoquer. Ce calcul sous-estime ce que provoquerait une nouvelle intervention militaire : une dégradation accrue des relations entre l'Occident judéo-chrétien et l'Orient islamique ; l'intervention atténuerait, plutôt qu'accentuerait, le fossé existant entre chi'ites et sunnites, désormais réunis dans une conscience islamique commune ; elle pourrait consolider le régime des ayatollahs plutôt que le faire chuter. Elle favoriserait Al-Qaïda et tous les mouvements terroristes djihadistes. Elle travaillerait pour l'unité islamique, en croyant accroître sa division. Le cercle vicieux du terrorisme et de la terreur d'État, s'entretenant l'un l'autre, s'aggraverait et s'amplifierait. Les régimes et dictatures très fragiles du monde arabe seront davantage fragilisés que consolidés dans leur adhésion à l'intervention américaine.

Enfin et surtout, celle-ci pourrait déclencher des conséquences en chaîne incalculables.

Certes les gouvernants européens, sauf le français, sont conscients des dangers d'une intervention armée contre l'Iran. De nombreuses puissances y sont hostiles. Aux États-Unis même, le clan Bush a perdu sa crédibilité et la mésaventure irakienne ne favorise pas une nouvelle aventure. Mais il faut dire que Bush est poussé avant la fin de son mandat à une ultime partie de poker où il pense retrouver sa mise. Si peu nombreux soient-ils, les va-t-en-guerre sont au cœur du pouvoir aux États-Unis, en Israël et désormais en France. De plus, et surtout, la conviction du président iranien que les États-Unis sont incapables d'intervenir l'encourage à continuer ses provocations et lui donne le même sentiment d'invulnérabilité qu'avait Saddam Hussein. Tout cela entretient le cercle vicieux qui conduit à la guerre. Plus le Président américain est convaincu d'un succès facile et rentable en frappant l'Iran, plus le président iranien est convaincu que les États-Unis ne bombarderont pas, et plus la guerre devient probable. De fait, les préparatifs militaires américains sont quasi à leur terme, et, comme avant les deux guerres du Golfe, les préparatifs psychologiques ont commencé auprès de l'opinion occidentale, notamment française, par de claironnantes « marche avant » sur l'idée d'une guerre, suivis de reculs suaves sur l'idée de négociations. La question est de savoir si l'intervention armée contre l'Iran aura lieu comme prévu ou si elle pourra être inhibée. Il est très possible qu'une provocation des services secrets américains ou un attentat djihadiste serve de détonateur à l'intervention. Il est clair que si le conflit se déclenche, la course vers l'abîme en sera précipitée.

Ainsi l'antagonisme qui s'affirme et s'étend, sans réactions ni actions pour le combattre, contribue à aggraver la crise du politique, la crise de la conscience, la crise de la pensée, la crise de la civilisation, et ces crises se combinent avec toutes les autres crises pour constituer la gigantesque crise planétaire qui s'approfondit et s'aggrave.

La crise qui se creuse et s'amplifie conduit-elle au désastre ou au dépassement ?

Allons-nous vers une catastrophe qui rappellerait

celle qui faillit éliminer la vie à la fin du primaire ? Quelques rares espèces avaient survécu puis de nouvelles espèces étaient apparues. L'humanité évitera-t-elle le désastre ou redémarrera-t-elle à partir du désastre ?

On est déjà dans les débuts d'un chaos. Le chaos peut être destructeur, il peut être génésique, c'est peut-être l'ultime chance dans l'ultime risque.

Désormais les mots de réforme ou de révolution sont insuffisants, la seule perspective de salut serait celle d'une métamorphose.

Comme nous l'avons dit dans le premier texte « Vers l'abîme ? » : « Quand un système est incapable de traiter ses problèmes vitaux, soit il se désintègre, soit il est capable dans sa désintégration même de se méta-morphoser en un méta-système plus riche, capable de traiter ses problèmes. Et ici l'idée de réaction positive nous est utile. Dans le monde physique, un *feed-back* positif conduit infailliblement à la désintégration ou à l'explosion. Mais dans le monde humain, comme l'a pointé Magoroh Maruyama, le *feed-back* positif, en désintégrant d'anciennes structures sclérosées, peut susciter l'apparition de forces de transformation et de régénération. La métamorphose de la chenille en papillon nous offre une métaphore intéressante : quand la chenille entre dans le cocon, elle commence un processus d'autodestruction de son organisme de chenille, et ce processus est en même temps celui de formation de l'organisme de papillon, lequel est à la fois le même et un autre que la chenille. Cela est la métamorphose. La métamorphose du papillon est pré-organisée. La métamorphose des sociétés humaines en une société-monde est aléatoire, incertaine, et elle est tributaire des dangers du chaos qui lui est pourtant nécessaire. »

Les amorces métamorphiques sont multiples aussi bien, comme nous l'avons indiqué plus haut, du côté des sciences, des techniques, de la biologie, de la communication... Les échanges de civilisation amorcent des symbioses ; les métissages divers se multiplient, et partout se manifestent des aspirations à une autre civilisation, une autre vie.

Ainsi, c'est le même processus qui porte en lui menace et promesse. Nous allons vers l'abîme ou vers la métamorphose, et peut être l'un dans l'autre.

Il s'agit d'un nouveau et formidable combat interne à l'humanité entre *homo sapiens* et *homo demens*, où la rationalité close est au service de *demens* et l'amour au service de *sapiens*...

De toute façon il nous faut abandonner le rêve d'un monde maîtrisé ; déjà bactéries et virus nous ont fait savoir qu'ils sortent renforcés de tout ce qui cherche à les éliminer définitivement. Le devenir comportera toujours risques, aléas, incertitudes, mais aussi il pourra comporter capacités créatrices, développement de la compréhension et de la bonté, nouvelle conscience humaine.

Septembre 2007.

Carnets de L'Herne
Collection dirigée par Laurence Tacou

Marc Abélès
Le spectacle du pouvoir

Günther Anders
Le temps de la fin

Hannah Arendt
La politique a-t-elle encore un sens ?

Jean Baudrillard
Pourquoi tout n'a-t-il pas déjà disparu ?

Walter Benjamin
Paris, capitale du XIXe siècle

André Breton
Mettre au ban les partis politiques

L. F. Céline
À l'agité du bocal

N. Chomsky et M. Foucault
De la nature humaine : justice contre pouvoir

E. M. Cioran
Des larmes et des saints

Jacques Derrida
Et cetera
Surtout pas de journalistes !
Les yeux de la langue
Histoire du mensonge. Prolégomènes
Poétique et politique du témoignage
Pardonner : l'impardonnable et l'imprescriptible
Qu'est-ce qu'une traduction « relevante » ?
Le parjure, peut-être (« brusques sautes de syntaxe »)

Pierre Drieu la Rochelle
Américaines et Européennes

É. de Fontenay/M.-C. Pasquier
Traduire le parler des bêtes

Romain Gary
À bout de souffle
Le Grec
Une petite femme

Théodore Herzl
L'État juif

Carl G. Jung
Les sept sermons aux morts

A. Koestler
La pulsion vers l'autodestruction

Dominique Lestel
L'animalité

Rosa Luxemburg
Dans l'asile de nuit

Oscar Mandel
La reine de Patagonie et son caniche

Charles Maurras
L'ordre et le désordre

Jules Michelet
La République des oiseaux

Edgar Morin
Où va le monde ?
Le destin de l'animal

Paul Ricœur
Discours et communication
Le juste, la justice et son échec

Mihail Sebastian
Femmes

Arthur Schopenhauer
Essai sur les femmes

Georg Simmel
Les grandes villes et la vie de l'esprit

Spinoza
De la liberté de penser dans un État libre

Achevé d'imprimer par Corlet, Imprimeur, S.A.
14110 Condé-sur-Noireau
N° d'Imprimeur : 107139 - Dépôt légal : octobre 2007

Imprimé en France